EL GRAN LIBRO DE LAS
LEGUMBRES

ANNA GARCÍA

FOTOGRAFÍA
MARÍA ÁNGELES TORRES

Lectio Le ediciones

Primera edición: octubre de 2015

© del texto: Anna García
© de las fotografías: María Ángeles Torres
© de la edición original: Zahorí de Ideas, S.L.

© de esta edición:
9 Grupo Editorial
Lectio Ediciones
C/ Muntaner, 200, ático 8ª – 08036 Barcelona
Tel. (+34) 977 60 25 91 / (+34) 93 363 08 23
lectio@lectio.es
www.lectio.es

Coordinación y realización editorial: Zahorí de Ideas, S.L.
Diseño y maquetación: Pau Santanach
Cocina y estilismo: María Ángeles Torres

ISBN: 978-84-16012-57-2
DL T 1106-2015

Impreso en Eslovenia

. . . .

Las legumbres han alimentado a la humanidad desde tiempos inmemoriales. La mayoría de ellas se conocían ya en la prehistoria, cuando nuestros antepasados las recolectaban directamente de las plantas silvestres y se las comían como podían. Posteriormente, cuando los hombres y las mujeres del Neolítico aprendieron a cultivar plantas, las lentejas y los garbanzos se contaron entre los primeros alimentos que se obtuvieron de forma controlada: parte de la evolución humana y, en consecuencia, de lo que somos hoy, se debe a miles y miles de años de comer legumbres.

Algunas puntuaciones

Llamamos «legumbres» a las semillas de ciertas leguminosas que son comestibles una vez secas. Sin embargo, muchas de estas semillas también se emplean cuando están tiernas, es decir, antes de convertirse propiamente en legumbre: es el caso de los germinados, de las vainas de las judías verdes, de los guisantes tiernos…

Historias con final feliz

Aunque hoy en día las legumbres están reconocidas y recomendadas en cualquier dieta saludable, la historia no siempre ha tratado bien a estos alimentos: durante siglos, se destinaron solo a forraje o bien se consideraron alimento de pobres. Y si bien hay muestras de que reyes, emperadores y faraones apreciaron enormemente algunas de sus elaboraciones, también es cierto que ciertas leyendas negras, como la que rodeaba a las habas, han relegado las legumbres a puestos muy por debajo de lo que realmente merecen.

Las anécdotas y curiosidades sobre las legumbres son infinitas: siglos con nosotros han provocado que Mendel desarrollara su teoría sobre la genética mediante guisantes, que los quilates con que medimos el oro procedan de los garrofines (las semillas del algarrobo), o que un plato de lentejas cambiara el destino de toda la Humanidad, según el episodio de Jacob y Esaú recogido en el Antiguo Testamento.

Come bien
A menudo, se descartan las legumbres en dietas de adelgazamiento porque se consideran excesivamente calóricas. En realidad, las legumbres son mucho más beneficiosas que perjudiciales, incluso cuando se desea perder peso: su alto contenido en fibra, proteínas y vitaminas las hace un alimento muy valioso para el buen funcionamiento de nuestro organismo y la prevención de trastornos cardiovasculares, diabéticos o de obesidad. Se recomienda el consumo de legumbres tres veces a la semana.

En cuanto a las recetas, al inicio de cada una de ellas verás dos iconos: uno es para indicar el número de raciones de la receta, y el otro, en forma de cuchara, para señalar la dificultad (una cuchara significa que se trata de una receta de elaboración sencilla, tres cucharas, que es de dificultad alta).

Por nuestra parte, nada más que añadir: esperamos que disfrutes haciendo estas recetas y, sobre todo, compartiéndolas con familiares y amigos. Porque el placer de comer es mayor si se hace en compañía.

Come legumbres.

Y disfruta.

GARBANZOS

Estrella de la cocina española

Entre los siglos XVI y XVIII, en toda España se comía potaje. Los garbanzos son la base de nuestra cocina tradicional, y durante una época alimentaron a buena parte de la población y a no pocos personajes literarios: comían garbanzos –cuando podían– el bueno de Don Quijote, el pobre Lazarillo de Tormes y el Buscón, entre otros. Denostada a veces por considerarse un alimento vulgar, hoy esta excelente legumbre forma parte de la gastronomía de nuestro país y tiene el reconocimiento que merece en la dieta mediterránea.

Nombre:

Cicer arietinum (nombre científico), *cigró* (catalán), *garbantzu* (vasco), *grao de bico* (gallego).

Variedades más consumidas en nuestro país:

Garbanzo castellano, garbanzo blanco o lechoso, garbanzo de Fuentesaúco, garbanzo Pedrosillano.

Propiedades nutritivas:

Ricos en hidratos de carbono, fibra, ácido fólico, y vitamina B1.

Cómo consumirlos:

En guisos, potajes y sopas, ensaladas, croquetas (*falafel*) o puré (*hummus*).

UN POCO DE HISTORIA

Las primeras manifestaciones agrícolas de la historia tuvieron lugar entre el 9500 a. de C. y el 9000 a. de C., y fue el garbanzo una de las primeras legumbres que se cultivaron. Así lo demuestran los restos encontrados en la actual Turquía, donde el hombre neolítico aprendió a domesticar esta planta que crecía de forma espontánea. De allí, su cultivo se extendió por la zona que la Biblia conoce como Canaán (Israel, Palestina, Jordania y parte de Siria y el Líbano).

Siglos después, en Egipto ya se cultivaban garbanzos de forma sistemática desde el 1500 a. de C., y los fenicios se encargaron de extenderlos por toda la cuenca mediterránea, Persia y Asia Central.

En el Imperio romano, los garbanzos fueron muy apreciados al principio, aunque, a medida que Roma se hacía poderosa, disminuyó su consumo entre sus ciudadanos por considerarlos comida de pobres.

Durante mucho tiempo se creyó que Cicerón, el escritor y político del siglo I a. de C., debía su apellido al garbanzo (cicer en latín), por una verruga que tenía en la nariz. En realidad, parece que su familia cultivaba esta legumbre, y de ahí el apellido.

En España

Fueron los cartagineses los primeros en cultivar garbanzos en nuestro país. Desde entonces, y durante todo el medievo, se consumieron tanto en la España mora como en la cristiana, y fue tal su protagonismo que, en el siglo XIX, el escritor francés Charles Davillier aseguraba que «Si pasáis a España, contad con que os servirán puchero (de garbanzos) trescientas sesenta y cinco veces, y si el año es bisiesto, una vez más».

Fueron los españoles, lógicamente, los que lo llevaron a América, donde se cultivó con éxito en las regiones de clima cálido.

¡HAY DESARME!

El Desarme es una fiesta tradicional que se celebra en Oviedo cada 19 de octubre. Ese día, los restaurantes cuelgan el cartel de «¡Hay desarme!» y ofrecen, invariablemente, un menú compuesto por garbanzos con bacalao y espinacas, callos y arroz con leche.

Esta celebración hace referencia a la victoria de los isabelinos sobre los carlistas el 19 de octubre de 1836, fecha en que los carlistas lograron entrar en Oviedo pero esta resistió y los venció. Como agradecimiento a los defensores de la ciudad, se les sirvió una fabulosa comida (el menú original tal vez no fuera exactamente el de ahora) y, con el tiempo, esa fecha se ha convertido en una fiesta gastronómica de primer orden.

UN REGALO PARA EL ORGANISMO

El garbanzo tiene muchas cualidades culinarias y nutritivas, y es un alimento adecuado para personas sanas de todas las edades. Es rico en hidratos de carbono y en fibra, y entre sus vitaminas destacan el ácido fólico, la niacina y las vitaminas B1 y B2. También contiene minerales como el potasio, el magnesio y el calcio. Entre sus propiedades nutritivas, destacan:

- **Hidratos de carbono:** son el principal componente de los garbanzos. Aportan energía, por lo que se recomiendan a deportistas y personas con un ritmo de vida intenso.
- **Fibra:** necesaria para el correcto funcionamiento del tránsito intestinal. Ojo, en algunos casos pueden resultar inadecuados si hay trastornos digestivos.
- **Proteínas:** los garbanzos aportan proteínas, pero si se consumen junto con algún tipo de cereal (por ejemplo, arroz), se obtiene una proteína de valor biológico mucho mayor.
- **Ácido fólico:** esta vitamina favorece la formación de glóbulos rojos y es básica en el desarrollo adecuado del feto en las mujeres embarazadas.
- **Vitamina B1:** los garbanzos son ricos en tiamina o vitamina 1, que participa en la transformación de los alimentos en energía y facilita la llegada de glucosa a los distintos sistemas del organismo.
- **Calorías:** el aporte calórico del garbanzo es notable por la presencia de ácidos oleico y linoleico, ambos insaturados (es decir, positivos para el organismo).

TIPOS DE GARBANZO: *DESI* Y *KABULI*

Los garbanzos son leguminosas de la familia *Fabaceae,* del género *Cicer* y la especie *Cicer arietinum.* Crecen en vainas, en cuyo interior se desarrollan de una a tres semillas. Su consumo está muy extendido por toda la cuenca mediterránea y en países como la India, en parte gracias a su capacidad de adaptación a los climas calurosos.

Las variedades de garbanzos se dividen en dos grandes grupos:

- *Kabuli*: son los tipos de garbanzo medianos o grandes, redondeados y arrugados. Se cultivan en las regiones mediterráneas, tanto europeas como africanas, en América Central y en América del Sur. La mayoría de las variedades españolas pertenecen a este tipo.
- *Desi*: son los tipos de garbanzo pequeños, más bien amarillentos o negros, con formas angulosas. Contienen mucha fibra (más que los *kabuli*), y su índice glucémico es menor. Se cultivan principalmente en la India, Etiopía e Irán, aunque también son *desi* los garbanzos pedrosillanos de nuestro país.

VARIEDADES ESPAÑOLAS:

Las principales variedades de nuestro país son:

- **Castellano:** es probablemente el garbanzo más popular, y el que se ha usado tradicionalmente en cocidos y potajes. Pertenece al grupo *kabuli*; tamaño grande y piel arrugada. Hay muchas variantes de garbanzo castellano, y suelen llevar el nombre de la región donde se cultivan.
- **Blanco o lechoso:** como el anterior, pertenece al grupo *kabuli*, es grande y de color pálido (de ahí el nombre) y algo más alargado que el castellano. Se cultiva principalmente en Andalucía y Extremadura. Este tipo de garbanzo queda especialmente bien en *hummus* y platos que requieran textura cremosa.
- **Venoso andaluz:** de origen granadino, es más alargado y grueso que los anteriores, y presenta pequeñas arterias en su superficie, que le dan el nombre. Su sabor es más fuerte que el del resto de garbanzos.
- **Pedrosillano:** es de tipo *desi* (pequeño, redondo y con una piel muy fina). Necesita un poco más de cocción para quedar tierno, pero su textura es muy agradable, y es estupendo para ensaladas. Esta variedad es un poco más cara que el resto.

LA ANÉCDOTA:

En muchas épocas, la infusión de garbanzo molido ha sido muy popular entre la gente más humilde: en la larga posguerra española, por ejemplo, esta infusión se erigió como sucedáneo del escaso café.

MANUAL DE USO

Los garbanzos son un alimento muy versátil y están presentes en infinidad de platos españoles: el cocido madrileño, el gallego, los callos, el citado Desarme, la *escudella* catalana, la olla… Además, pueden consumirse en ensaladas (como el *empedrat*), en croquetas (como los *falafel*) o en puré, como el popular *hummus*.

Veamos cómo se emplean:

· Secos:

Si se compran a granel, se recomienda consumirlos antes de los 18 meses desde el momento de su compra, ya que con el paso del tiempo se alteran sus características y es necesario más tiempo de cocción. Si se compran empaquetados, hay que fijarse en la fecha de caducidad indicada en el paquete.

Deben guardarse en recipientes cerrados (si el envase es un paquete de papel, es preferible pasarlos a un tarro de cristal con tapa hermética), y dejarlos en un lugar fresco, seco y alejado de la luz solar.

Cómo cocinarlos:

Los garbanzos deben dejarse en remojo la noche antes de cocinarlos para que se ablanden. Después, el tiempo de cocción varía en función del tipo de garbanzo, pero suele ser entre 1 y 2 horas en una olla normal, y 15 minutos en una olla exprés.

Los garbanzos secos doblan su volumen y su peso una vez cocidos, por lo que hay que calcular que una ración media por persona (unos 100 g de garbanzos secos) se corresponde al doble al emplear garbanzos en conserva (ya cocidos).

Una vez cocinados, los garbanzos aguantan en la nevera varios días, o varios meses si se congelan. En caso de congelarlos, se recomienda una descongelación lenta (en la nevera).

· En conserva:

Los garbanzos en conserva no requieren cocción; pueden emplearse tal cual, una vez limpios y escurridos. También se pueden saltear, guisar y estofar, aunque en estos casos el tiempo de cocción es muy breve, puesto que ya están cocidos.

Los garbanzos de bote, igual que los secos, deben guardarse en un lugar fresco, seco y alejado de la luz solar. Una vez abierto el bote, hay que guardarlo en la nevera y consumirlo en los tres días siguientes. También se pueden congelar: hay que escurrirlos bien y congelarlos en bolsas de congelación.

· *Tempeh*:

Los garbanzos fermentados con *rhizopus*, o lo que es lo mismo, *tempeh* de garbanzos, suelen encontrarse en tiendas dietéticas. El *tempeh* se consume en ensaladas, a la plancha o macerado.

· Germinados:

El garbanzo germinado (o brotes de garbanzo) se toma en ensalada u otros preparados. Contiene el doble de vitamina C que el garbanzo seco o cocido, por lo que se recomienda en casos de avitaminosis.

· Harina:

La harina de garbanzos es cremosa y muy versátil. Se puede encontrar pura o mezclada con otras, como la de cacahuete y sésamo. Funciona como sustituta del huevo o de la harina de trigo, y se emplea en tortitas, para rebozar, para espesar preparaciones, como masa de croquetas, etc.

GARBANZOS
CON ARROZ Y GAMBAS

1 bote de garbanzos
cocidos

250 g de gambas
congeladas peladas

200 g de arroz

1 l de caldo de pescado

2 dientes de ajo

1 cucharadita de comino

1 ramita de perejil

aceite de oliva

sal

1. La noche anterior, deja las gambas en la nevera para que se descongelen.

2. En un mortero, machaca los ajos pelados, el perejil y el comino junto con una cucharada de caldo de pescado. Resérvalo.

3. Pon a calentar el resto de caldo en una olla.

4. Mientras tanto, en una sartén grande o un paellero, calienta aceite y saltea las gambas durante unos minutos. Retíralas y saltea, a continuación, los garbanzos en el mismo aceite. Retira los garbanzos y, por último, saltea el arroz.

5. Sube el fuego y vierte el caldo caliente en la sartén. Seguidamente, agrega la mezcla del mortero y una pizca de sal y cuece el arroz a fuego lento durante 20 minutos.

6. Cuando falten 5 minutos, agrega los garbanzos, mezcla y rectifica de sal. Después, comprueba que el arroz está tierno y coloca las gambas por encima. Sírvelos.

GARBANZOS CON BACALAO Y ESPINACAS: ¡DESARME!

👤 6

400 g de garbanzos secos

400 g de bacalao seco salado

400 g de espinacas frescas

1 cebolla

1 zanahoria

1 puerro

4 dientes de ajo

2 rebanadas de pan

1 cucharadita de pimentón dulce

1 hoja de laurel

aceite de oliva

sal

1. Deja el bacalao en remojo 24 horas antes de preparar el plato. Cámbiale el agua cada 8 o 10 horas. La noche anterior, deja también los garbanzos en remojo.

2. Calienta dos litros de agua en una olla y, cuando hierva, echa los garbanzos, previamente escurridos y sin sal.

3. Pela y trocea la zanahoria, el puerro, y la cebolla y, transcurridos 30 minutos, agrégalos a la olla junto con la hoja de laurel. Mientras hierve, escurre el bacalao, córtalo a dados medianos y resérvalo.

4. En una cazuela grande, fríe en aceite los dientes de ajo pelados y las rebanadas de pan. Después, pásalos a un mortero y májalos.

5. Lava bien las espinacas y hiérvelas aparte, durante 2 o 3 minutos, lo justo para que bajen el volumen. Escúrrelas, trocéalas y, en la misma cazuela donde has frito los ajos, rehógalas con dos cucharadas de aceite, una pizca de sal y el pimentón. Mójalas con un poco de caldo de los garbanzos y, transcurridos 5 minutos, agrégales la mezcla del mortero y los dados de bacalao. Déjalo hervir unos minutos, removiendo con cuidado.

6. Cuando lleven 1 hora y media de cocción, comprueba que los garbanzos estén cocidos, cuélalos y sepáralos de las verduras, que se desechan. Agrégalos a la cazuela y hiérvelo todo junto 5 minutos más. Si puedes, déjalo reposar un poco antes de rectificarlo de sal. Sírvelo caliente y, si es necesario, caliéntalo unos minutos antes de servir.

¿SABÍAS QUE...? *El Desarme es una fiesta tradicional que se celebra en Oviedo cada 19 de octubre. Ese día, los restaurantes ofrecen un potente menú formado por garbanzos con bacalao y espinacas, callos y arroz con leche.*

GARBANZOS CON CALABAZA

👤 4

200 g de garbanzos secos

450 g de calabaza

1 puerro

½ lata de tomate natural triturado (200 g)

70 g de almendras

1 rebanada de pan

1 pimiento seco

1 cucharadita de comino

50 ml de aceite de oliva

pimienta

sal

1. Deja los garbanzos en remojo la noche anterior. Al día siguiente, enjuágalos y escúrrelos.

2. Pela la calabaza, quítale las semillas y córtala a trozos grandes.

3. Pon un litro de agua a calentar y, cuando rompa a hervir, agrega los garbanzos, sin sal. Cuécelos a fuego medio durante 1 hora y media. Transcurrida la primera media hora, agrégales la calabaza y una pizca de sal.

4. Mientras tanto, pela y pica el puerro. Calienta el aceite en una sartén y rehoga el puerro a fuego suave durante unos minutos. Cuando adquiera color, agrégale el tomate y cuécelo 10 minutos. Transcurrido este tiempo, incorpora el comino y la pimienta, y remueve.

5. En otra sartén, calienta el resto del aceite y fríe las almendras, el pan y el pimiento seco. Tuéstalo todo sin que se queme, y, a continuación, retíralo del fuego y deposítalo sobre papel de cocina. Después, pásalo a un mortero y tritúralo junto con una cucharada de caldo de los garbanzos. Debe quedar una pasta compacta.

6. Comprueba si los garbanzos ya están cocidos y agrégales sal. La calabaza debe quedar prácticamente deshecha. Para terminar, incorpora la pasta triturada y el sofrito de puerro y tomate; remuévelo y cuécelo 5 minutos más. Ya puedes servirlo.

RECUERDA: *A diferencia de otras legumbres, los garbanzos deben echarse en la olla cuando el agua esté hirviendo.*

GARBANZOS CON CALLOS

4

200 g de garbanzos secos

400 g de callos

1 hueso de rodilla
de ternera

1 cebolla

1 chorizo

1 zanahoria

6 dientes de ajo

1 guindilla

1 cucharadita de
pimentón dulce

1 cucharadita
de comino molido

1 ramita de perejil

sal

1. La noche anterior, deja los garbanzos en remojo. Al día siguiente, enjuágalos y escúrrelos.

2. Calienta tres litros de agua en una olla y, cuando rompa a hervir, echa los garbanzos junto con la cebolla y la zanahoria troceadas, el perejil, dos ajos y la guindilla. Transcurridos 30 minutos, agrega una pizca de sal y las especias (comino y pimentón). Cuécelo durante 1 hora y media.

3. Mientras, en otra olla, pon a hervir los callos, el chorizo y el hueso durante 10 minutos. Después, cuélalos, cambia el agua y ponlos a hervir de nuevo junto con cuatro ajos y una pizca de sal. Déjalos 30 minutos y escúrrelos.

4. Asegúrate de que los garbanzos no se quedan sin agua durante la cocción. Transcurrido el tiempo indicado, comprueba que estén cocidos y transfiérelos a una cazuela grande; las verduras se desechan.

5. Finalmente, agrega los callos y el chorizo, cortado a rodajas, y cuécelo todo junto durante unos minutos. Sírvelos calientes.

¿SABÍAS QUE...? *El comino disminuye los gases que suelen producir los garbanzos.*

HAMBURGUESAS VEGETALES DE GARBANZOS Y CALABAZA

4

400 g de garbanzos cocidos

4 panes para hamburguesa

1 calabacín

1 huevo

100 g de pan rallado

70 g de nueces

hojas de lechuga (opcional)

4 lonchas de queso (opcional)

1 ramita de perejil

aceite de oliva

pimienta

sal

Para la salsa:

1 lata de tomate natural triturado (400 g)

1 cebolla

1 cucharada de azúcar moreno

1 cucharadita de mostaza

50 ml de vinagre

1 cucharada de aceite de oliva

pimienta

sal

1. **Elaboración de la salsa:** pica la cebolla y rehógala en una sartén con el aceite a fuego lento. Transcurridos 10 minutos, sube el fuego y agrega el resto de ingredientes indicados. Remuévelo y, enseguida, vuelve a bajar el fuego. Déjalo caramelizar durante 20 minutos, removiendo de vez en cuando. Después, si quieres que la salsa quede fina, tritúralo todo en el vaso de la batidora.

2. Pela y ralla el calabacín con un rallador de agujeros grandes. Tritura los garbanzos con la batidora eléctrica junto con el perejil, una pizca de sal y otra de pimienta. Agrégales el huevo, el pan rallado y las nueces, y bátelo de nuevo. Debe quedarte una masa compacta. Déjala reposar.

3. Forma cuatro hamburguesas con la masa y dóralas a fuego medio en una sartén con dos cucharadas de aceite; unos 3 minutos por cada lado.

4. Dispón las hamburguesas en los panes y cúbrelas con el queso, si quieres, y la lechuga. Tápalas y sírvelas calientes, con la salsa aparte.

HAMBURGUESA VEGETAL DE GARBANZOS Y CALABAZA

GARBANZOS CON MEJILLONES

300 g de garbanzos secos

1 kg de mejillones

1 puerro

½ pimiento rojo

1 tomate

2 dientes de ajo

50 ml de vino blanco

1 hoja de laurel

1 cucharadita de comino

hebras de azafrán

aceite de oliva

sal

1. La noche anterior, deja los garbanzos en remojo. Al día siguiente, enjuágalos y escúrrelos. Limpia los mejillones y rasca las impurezas de las valvas.

2. Calienta un litro de agua en una olla y, cuando rompa a hervir, agrega los garbanzos, el comino y el laurel. Transcurridos 30 minutos de cocción, incorpora todas las verduras, previamente peladas y troceadas, y una pizca de sal. Cuécelo todo durante 1 hora más.

3. Mientras tanto, calienta dos dedos de agua junto con el vino blanco en una cazuela y, cuando hierva, incorpora los mejillones. Tápalos y déjalos 5 minutos. Después, retíralos de la cazuela y separa la carne de las valvas; desecha los que no se hayan abierto. Cuela el agua de la cocción y resérvala.

4. Transcurrida la hora de cocción, retira las verduras y la hoja de laurel de la olla (deja los garbanzos), transfiere las verduras al vaso de la batidora y tritúralas junto con el azafrán y las especias hasta obtener una salsa poco ligada.

5. Comprueba que los garbanzos estén tiernos; si no es así, déjalos un rato más. Cuando estén al punto, pasa los garbanzos a una cazuela y agrégales la salsa que has batido y un poco de líquido de cocer los mejillones, lo justo para que queden caldosos. Cuécelos a fuego bajo durante 5 minutos y rectifica de sal. En el último momento, incorpora los mejillones y sírvelos.

GARBANZOS CON MEJILLONES

HARIRA
(SOPA MARROQUÍ DE GARBANZOS)

👤 4

200 g de garbanzos secos

200 g de carne
de ternera a dados

100 g de fideos

70 g de harina

2 tomates maduros

½ lata de tomate natural
triturado (200 g)

1 zanahoria

1 cebolla

1 tallo de apio

1 cucharada de perejil
picado

2 cucharadas de
mantequilla derretida

½ cucharada de cada:
jengibre, pimentón
dulce, pimienta,
cúrcuma y comino

4 cucharadas de
aceite de oliva

sal

1. La noche anterior, deja los garbanzos en remojo. Después, enjuágalos y escúrrelos.

2. Calienta agua en una olla y, cuando rompa a hervir, agrega los garbanzos. Hiérvelos a fuego medio durante 1 hora y media.

3. Mientras tanto, lava las verduras y córtalas en trozos grandes. Pela el apio, córtalo y separa las hojas del tallo. Seguidamente, calienta medio litro de agua en una olla y hierve en ella las verduras y el perejil durante 20 minutos.

4. Transcurrido el tiempo, cuela las verduras y desecha las hojas del apio. Reserva el agua de cocción. Tritura las verduras con el líquido que has reservado. Después, enjuaga la olla y vierte en ella esta crema. Agrégale la carne, el tomate triturado, la mantequilla, el aceite, todas las especias y la sal. Incorpora un litro de agua, llévalo a ebullición y cuécelo a fuego lento.

5. Mientras tanto, disuelve la harina en cien miligramos de agua templada y agrégala también a la olla. Remuévelo todo; hiérvelo a fuego lento.

6. Pasada la hora y media de cocción, comprueba que los garbanzos estén cocidos, o casi. Cuélalos y agrégalos a la olla donde están las verduras. Incorpora los fideos y hiérvelos el tiempo que indique el fabricante. Sirve la *harira* caliente.

¿SABÍAS QUE…? | *La harira es una sopa tradicional marroquí. Se consume durante todo el año, pero su alto poder nutritivo la hace especialmente apreciada para el Iftar o ruptura del ayuno durante el mes de ramadán.*

HUMMUS
(PURÉ DE GARBANZOS)

👤 4

2 botes
de garbanzos cocidos

1 limón

2 cucharadas de tahini

3 dientes de ajo

1 cucharadita de
pimentón dulce

1 ramita de perejil

pan de pita (opcional)

aceite de oliva

sal

1. Pela los ajos y aplástalos de un golpe. En un bol, exprime el limón y mezcla el jugo con los ajos, la *tahini*, el perejil picado (reserva unas hojitas para decorar) y la sal.

2. Enjuaga los garbanzos y escúrrelos. Transfiérelos a un recipiente grande donde los puedas batir, y tritúralos con la batidora eléctrica junto con tres cucharadas de agua y una de aceite. Debe quedarte una pasta compacta.

3. Agrega los ingredientes del bol y vuelve a batir. Vierte el *hummus* en una ensaladera, espolvoréalo con el pimentón dulce y decóralo con las hojas de perejil. Se sirve a temperatura ambiente.

CONSEJO: *Si quieres elaborar* **hummus** *picante, solo tienes que agregarle un chile o una guindilla.*

MINESTRONE CON GARBANZOS

1 bote de garbanzos
cocidos

1 patata grande

1 zanahoria

1 apio

1 pimiento rojo

1 cebolla

2 tomates maduros

100 g de jamón serrano
a dados

50 g de queso parmesano

2 dientes de ajo

hojas de albahaca fresca

aceite de oliva

pimienta

sal

1. Pela y corta la cebolla, la patata, la zanahoria, el apio y el pimiento a dados de 1 centímetro aproximadamente. Escalda los tomates durante unos segundos para quitarles la piel, y córtalos también a dados; las semillas se desechan.

2. En una cazuela con tres cucharadas de aceite, fríe los ajos, previamente pelados. Cuando estén tostados, retíralos. A continuación, saltea los dados de jamón y retíralos también.

3. En la misma sartén, elabora un sofrito con las verduras, empezando por la cebolla y el pimiento. Rehógalos durante unos minutos y agrégales la zanahoria, la patata y el apio. Déjalo todo 5 minutos a fuego bajo.

4. Enjuaga y escurre los garbanzos. Transfiérelos a una cazuela grande junto con un litro de agua, el sofrito de verduras, el jamón, una pizca de sal y otra de pimienta, y llévalo a ebullición.

5. Transcurridos 10 o 15 minutos (evita que se consuma toda el agua), sirve la sopa caliente, espolvoreada con albahaca fresca picada y queso parmesano rallado.

MORROCOCO

1 bote de garbanzos cocidos

1 cebolla

1 diente de ajo

1 rebanada de pan

½ lata de tomate natural triturado (200 g)

½ cucharadita de comino

½ cucharadita de pimentón dulce

tostaditas de pan

aceite de oliva

pimienta

sal

1. Pela el ajo y fríelo en una sartén con tres cucharadas de aceite. Cuando esté tostado, retíralo y, en el mismo aceite, fríe el pan. Retíralo también y sofríe la cebolla picada, a fuego medio. Déjala 5 minutos y remuévela de vez en cuando. Mientras tanto, pica el pan en un mortero.

2. Transcurrido el tiempo, agrega a la sartén el tomate, el pan, una pizca de sal y otra de pimienta, y déjalo unos minutos más. Pruébalo y rectifica de sal si es necesario.

3. Enjuaga y escurre los garbanzos, y transfiérelos al vaso de la batidora eléctrica. Tritúralos con una cucharada de agua y el comino.

4. Incorpora el puré de garbanzos a la sartén y mézclalo todo.

5. Sírvelo a temperatura ambiente, con un chorrito de aceite y espolvoreado con un poco de pimentón dulce. Acompáñalo de las tostaditas de pan.

¿SABÍAS QUE…? *El morrococo es típico de Jaén, y se conoce también como garbanzos mareados o ropa vieja. Se elabora tradicionalmente con los garbanzos que han sobrado del cocido.*

EMPEDRAT DE GARBANZOS (ENSALADA DE GARBANZOS Y BACALAO)

👤 4

200 g de bacalao desalado

1 bote de garbanzos cocidos

50 g de aceitunas negras de Aragón

1 cebolla dulce

1 tomate maduro

1 pimiento rojo

1 pimiento verde

1 huevo duro (opcional)

vinagre suave

aceite de oliva

pimienta

sal

1. Desmiga el bacalao y transfiérelo al cuenco donde servirás el *empedrat*. Enjuaga los garbanzos, escúrrelos y pásalos al cuenco también.

2. Corta la cebolla (a plumas o a trozos pequeños), las aceitunas y retírales el hueso. Lava y corta a dados los pimientos y el tomate; las semillas y las partes duras se desechan. Si quieres pelar los tomates, escáldalos antes durante unos segundos. Agrega un huevo duro picado, si te gusta.

3. Transfiérelo todo al cuenco, mezcla y alíñalo con aceite, vinagre, pimienta y sal. Sírvelo fresco.

¿SABÍAS QUE…?

El empedrat es un plato típico catalán y suele hacerse con alubias. Existen muchas variantes, como la esqueixada, también catalana, o el esgarraet de Valencia. Se le puede agregar atún, huevo duro, vinagre de Módena…

PANIZA DE HARINA DE GARBANZO

4

250 g de harina de garbanzo amarilla

750 ml de agua

1 cucharadita de comino

1 cucharadita de cúrcuma (opcional)

aceite de oliva

sal

1. En una cazuela ancha, mezcla la harina con el agua a temperatura ambiente; te puede servir de ayuda la batidora eléctrica. Cuando ya no tenga grumos, pon la mezcla en el fuego y caliéntala a fuego bajo mientras sigues removiendo.

2. A continuación, agrega una pizca de sal, el comino y la cúrcuma. Cuando espese la mezcla, sigue removiendo hasta que veas que la pasta se despega de las paredes de la cazuela. Debe quedarte una pasta compacta.

3. Transfiérela enseguida a un molde previamente untado de aceite y alisa la superficie con una espátula. Déjala enfriar a temperatura ambiente.

4. Después, desmolda la pasta y córtala como si fueran rebanadas. Calienta abundante aceite y fríe las tiras de pasta durante 2 minutos. Para terminar, colócalas sobre papel absorbente y déjalas enfriar antes de servirlas.

CONSEJO: *Esta receta es prácticamente idéntica a la de los* panisses *provenzales. La paniza queda muy bien en ensaladas o como acompañamiento. Recuerda: la harina que utilices debe ser 100 % de garbanzo.*

CHANA MASALA

👤 2

1 bote de garbanzos
cocidos

2 dientes de ajo

1 cebolla

1 trozo pequeño
de jengibre fresco

½ lata de tomate natural
triturado

½ cucharadita
de cúrcuma

½ cucharadita
de comino

½ cucharadita
de cardamomo

½ cucharadita de cayena

1 clavo

hojas de cilantro fresco

3 cucharadas de aceite
de oliva

pimienta

sal

1. Pica la cebolla, el jengibre y los ajos muy finamente. En una sartén con aceite, fríelo todo junto a fuego medio y removiendo de vez en cuando.

2. Transcurridos unos minutos, agrega el tomate natural y todas las especias, y rehógalo durante 10 minutos más. Mientras tanto, enjuaga y escurre los garbanzos.

3. Incorpora a la sartén los garbanzos y medio vaso de agua y cuécelo unos 15 minutos más. Agrega una pizca de sal y otra de pimienta. Debe quedar como una sopa espesa.

4. Sírvela caliente, con cilantro espolvoreado por encima.

¿SABÍAS QUE…? *La chana masala es un plato típico del norte de la India. Se suele cocinar con especias fuertes.*

SOPA AFRICANA
DE GARBANZOS CON COCO

🨠4

2 botes
de garbanzos cocidos

250 ml de leche de coco

600 ml de caldo vegetal

1 cebolla

1 pimiento rojo

1 chile

3 dientes de ajo

½ lata de tomate natural
triturado (200 g)

1 cucharadita de curry

1 cucharadita
de azúcar moreno

2 cucharadas
de aceite de oliva

hojas de cilantro fresco

pimienta

sal

1. Pica la cebolla, los ajos y el pimiento rojo. Calienta el aceite en una cazuela y sofríelos, a fuego medio. Transcurridos unos minutos, agrega el chile, previamente cortado y sin pepitas, el tomate triturado, el azúcar moreno, salpimiéntalo, y remueve.

2. Después de 10 minutos, sube el fuego, agrega el caldo vegetal y los garbanzos, y deja que hierva. Cuando rompa a hervir, baja el fuego. Déjalo 10 minutos más.

3. Transcurrido ese tiempo, agrega la leche de coco y el curry, remueve y rectifica de sal y especias si es necesario. Apaga el fuego.

4. Sirve la sopa caliente, espolvoreada con cilantro picado.

ALBÓNDIGAS DE CARNE Y GARBANZOS

👤 4

1 bote de garbanzos cocidos

1 berenjena

1 cebolla

4 cucharadas de tomate triturado

50 ml de aceite de oliva

1 cucharada de jugo de limón

2 dientes de ajo

hojas de hierbabuena

sal

Para las albóndigas:

200 g de carne de ternera picada

1 cebolla

1 cucharada de bulgur

2 huevos

1 ramita de perejil fresco

harina para espolvorear

pimienta

sal

1. **Elaboración de las albóndigas:** en una fuente grande, mezcla con las manos todos los ingredientes indicados, excepto la harina. Deja reposar la masa durante 30 minutos.

2. Precalienta el horno a 200 ºC.

3. Corta la berenjena a tiras de unos 6 centímetros de largo por 2 de ancho, y disponlas en una fuente apta para horno, previamente untada con aceite. Cuando el horno esté caliente, ásalas durante 15 minutos a 160 ºC hasta que la parte blanca esté dorada. No apagues el horno.

4. A continuación, con las manos, elabora bolas de carne del tamaño de una nuez y espolvoréalas con harina. Calienta aceite en una sartén y saltéalas durante unos minutos; después, transfiérelas a otra bandeja apta para horno, previamente untada de aceite. Asa las albóndigas en el horno durante 10 minutos.

5. Mientras tanto, enjuaga y escurre los garbanzos. Pela y pica el ajo y la cebolla y sofríelos en una cazuela con dos cucharadas de aceite. Transcurridos 5 minutos, agrega el tomate, los garbanzos, una pizca de sal y 200 ml de agua, mezclada con el jugo de limón.

6. Cuando el agua rompa a hervir, agrega las albóndigas y, 10 minutos después, la berenjena. Hiérvelo todo junto, a fuego bajo, durante 15 minutos más. Justo antes de servir, espolvorea hierbabuena por encima.

PUCHERO VALENCIANO
CON GARBANZOS

👤 4

200 g de garbanzos secos

200 g de carne
de ternera para estofar

100 g de arroz

50 g de costilla de cerdo

1 hueso de rodilla
de ternera

1 pata de gallina

1 nabo

1 zanahoria

1 patata

1 trozo de col

1 puerro

1 tronco de apio

hebras de azafrán

1 ramita de perejil

aceite de oliva

sal

1. La noche anterior, deja los garbanzos en remojo. Al día siguiente, enjuágalos y escúrrelos.

2. En una olla grande, calienta cinco litros de agua. Cuando rompa a hervir, echa los garbanzos y déjalos 30 minutos. Después, agrega una cucharada de sal, la carne (ternera, costilla y gallina) y el hueso. A medida que se forme espuma en la superficie, retírala con la espumadera.

3. Cuécelo todo durante 1 hora a fuego medio. Transcurrido ese tiempo, agrega todas las verduras, previamente lavadas, peladas y cortadas a trozos; también el perejil y un chorrito de aceite, y ve probándolo de sal. Hiérvelo durante 1 hora más.

4. Cuando falten 20 minutos para terminar la cocción, echa el arroz en forma de lluvia y el azafrán.

5. Transcurridos los 20 minutos, comprueba que tanto el arroz como los garbanzos estén cocidos antes de apagar el fuego, y rectifica de sal.

6. Cuélalo y sírvelo por separado: el caldo, por un lado, y las carnes, las verduras, el arroz y los garbanzos, por el otro.

POTAJE DE GARBANZOS VEGETARIANO

POTAJE DE GARBANZOS VEGETARIANO

1 bote de garbanzos cocidos

250 g de espinacas frescas

1 cebolla

1 puerro

2 dientes de ajo

1 rebanada de pan seco

40 g de almendra molida

hebras de azafrán

2 cucharaditas de comino

4 cucharadas de aceite de oliva

pimienta

sal

1. Lava y escurre los garbanzos. Pela y pica los ajos, y tuéstalos en una cazuela con una cucharada de aceite. Agrégales el pan y la almendra y remueve. Retíralo todo cuando empiece a tostarse; la almendra debe quedar de un tono marrón claro. Transfiérelo todo a un mortero y tritúralo todo junto con el azafrán.

2. En esa misma cazuela, sofríe la cebolla y el puerro, previamente pelados y picados, con el resto del aceite. Cuando estén blandos, agrega el comino, una pizca de sal y otra de pimienta, los garbanzos y 100 ml de agua, y remueve.

3. Cuando hierva, agrega la mezcla del mortero, el laurel y las espinacas. Tápalo y cuécelo durante 10 minutos a fuego bajo.

4. Pruébalo de sal y sírvelo caliente.

SETAS CON GARBANZOS

👤 4

200 g de garbanzos secos

250 g de setas variadas

1 cebolla

1 hueso de ternera

2 dientes de ajo

1 cucharadita de
pimentón dulce

50 ml de aceite de oliva

1 hoja de laurel

1 ramita de perejil

pimienta

sal

1. La noche anterior, deja los garbanzos en remojo. Al día siguiente, enjuágalos y escúrrelos. Calienta dos litros de agua en una olla y, cuando rompa a hervir, echa los garbanzos junto con el laurel, el hueso, el pimentón y una pizca de pimienta. Cuécelo a fuego bajo durante 1 hora y media. Cuando lleve un rato de cocción, agrega sal.

2. Mientras tanto, pela y pica la cebolla; también pela los ajos y limpia las setas.

3. En una sartén con aceite, rehoga los ajos y la cebolla durante 10 minutos. A continuación, agrega las setas y el perejil, y déjalo 2 minutos más. Antes de retirarlo del fuego, pruébalo de sal.

4. Comprueba que el agua de los garbanzos se va consumiendo poco a poco. Cuando haya transcurrido la hora y media, incorpora el sofrito a la olla, remueve y rectifica de sal y de pimienta. Déjalo 10 minutos más y sírvelo caliente.

ALBÓNDIGAS DE GARBANZOS

👤 4

400 g de garbanzos
hervidos

100 ml de leche
(puede ser vegetal)

150 g de harina
(puede ser de garbanzos)

1 cucharadita
de levadura

4 cucharadas
de pan rallado

2 huevos

2 dientes de ajo

aceite de oliva

sal

1. Enjuaga y escurre los garbanzos.

2. A continuación, casca los huevos en el vaso de la batidora, y agrégales todos los ingredientes: la leche, una cucharadita de sal, los dos dientes de ajo pelados, el pan rallado, los garbanzos y la levadura. Tritúralo todo hasta que quede una masa homogénea y fina. Resérvala en la nevera por lo menos 1 hora.

3. Con la masa fría, elabora bolitas y rebózalas en harina. Fríelas en abundante aceite caliente hasta que estén bien doradas y déjalas sobre papel absorbente. Sírvelas calientes.

¿SABÍAS QUE...? *Los garbanzos se remojan en agua, como todas las legumbres, pero si los pones a remojar en agua caliente y con una cucharadita (pequeña) de bicarbonato, quedan más tiernos.*

BUÑUELOS DULCES DE GARBANZOS

🧍 4

200 g de garbanzos
cocidos

200 ml de leche

50 g de harina de maíz

2 huevos

60 g de mantequilla

1 ½ cucharadas
de azúcar moreno

1 cucharadita
de canela en polvo

1 piel de naranja rallada

azúcar para rebozar

aceite de girasol
para freír

anís

Esta receta sigue la técnica habitual para hacer buñuelos, solo que agregándoles garbanzos.

1. En una olla pequeña, hierve la leche y la mantequilla con la piel de naranja rallada y el azúcar moreno. Cuando rompa a hervir, apaga el fuego y agrega los garbanzos cocidos.

2. Tritúralo con la batidora eléctrica hasta obtener una masa fina. Si quedan pieles de garbanzos, pasa la masa por un colador chino.

3. Pon los ingredientes de nuevo en la olla al fuego, no muy fuerte, y agrega la harina sin dejar de remover hasta que la masa forme una pelota que se separa de las paredes del cazo. Entonces, apaga el fuego y casca un huevo sobre la masa; mézclalo con cuidado hasta que quede bien integrado. Agrega del mismo modo el segundo huevo.

4. En una sartén, calienta abundante aceite de girasol y echa pequeñas bolas de masa (puedes ayudarte de una manga pastelera o una cuchara) hasta que estén doradas.

5. Con la ayuda de una espumadera, saca los buñuelos del fuego y déjalos sobre un papel absorbente. A continuación, mezcla azúcar blanco con la canela. Pinta los buñuelos con un pincel de cocina impregnado en anís y rebózalos en la mezcla de azúcar con canela. Ya los puedes servir.

CONSEJO: *La ralladura de piel de naranja se consigue fácilmente con un rallador de queso. Rasca la superficie de la naranja hasta que se vea la parte blanca. Si tienes una batidora de vaso, pela la naranja, asegurándote de que está bien seca, y tritura.*

BUÑUELOS DULCES DE GARBANZOS

ARROZ AL HORNO
AL ESTILO VALENCIANO

👤 4

150 g de garbanzos secos

300 g de arroz largo

250 g de costilla de cerdo

2 lonchas de panceta fresca

1 morcilla

1 patata

1 cabeza de ajos

2 l de caldo de verduras

50 ml de aceite de oliva

hebras de azafrán

sal

1. La noche anterior, deja los garbanzos en remojo. Después, enjuágalos y escúrrelos.

2. Pon a hervir el caldo en una olla grande. Mientras tanto, pela la patata, córtala a rodajas y dórala en una sartén con aceite caliente (debe quedar dorada por fuera pero cruda por dentro). Resérvala.

3. En una cazuela de barro con el fondo plano, saltea la panceta cortada a trozos, la morcilla y la costilla troceada, con cuatro cucharadas de aceite, durante unos minutos. Incorpora la cabeza de ajos partida por la mitad a lo ancho y, cuando empiece a tostarse, resérvala.

4. A continuación, echa los garbanzos a la cazuela y remueve. Transcurrido 1 minuto, vierte el caldo hirviendo. Cuécelo a fuego lento durante 1 hora y media.

5. Agrega a la cazuela la patata, el arroz, las hebras de azafrán, la cabeza de ajos, una cucharadita de sal y un par de cucharadas de aceite, y déjalo cocer unos minutos. Mientras tanto, precalienta el horno a 220 ºC.

6. Introduce la cazuela en el horno y déjala cocer 20 minutos a 180 ºC. Transcurrido ese tiempo, sácalo del horno y déjalo reposar 5 minutos antes de servirlo.

COCIDO GALLEGO

500 g de garbanzos secos

1 kg de patata gallega

1 repollo

1 lengua de cerdo salada

1 oreja de cerdo salada

1 rabo de cerdo salado

1 cabeza de cerdo curada

250 g de lacón (se puede sustituir por panceta)

1 jarrete de ternera

1 chorizo crudo

1 chorizo de cebolla

sal

1. Dos días antes de hacer el cocido, pon en remojo toda la carne salada: lengua, oreja, rabo, cabeza y lacón. Cambia el agua cada 12 horas. La noche antes de preparar el cocido, pon también los garbanzos en remojo.

2. Llena una olla de agua y agrega la carne que estaba en remojo, previamente escurrida, más el jarrete. Cuando rompa a hervir, agrega los garbanzos (lo ideal es cocerlos en una malla para legumbres, así los puedes recuperar todos a la vez).

3. Hiérvelo todo a fuego lento durante 2 horas. Cuando lleve 1 hora de cocción, agrega sal. Después, retira la carne a medida que vaya quedando tierna y disponla en una bandeja.

4. Seguidamente, saca la malla con los garbanzos y agrega al caldo el repollo partido por la mitad, las patatas, peladas pero sin cortar, y los chorizos. Cuécelo todo durante 30 minutos más, pruébalo y rectifica de sal si es necesario. Retira los chorizos cuando estén blandos, y resérvalos en una bandeja.

5. Presenta el cocido en cuatro bandejas: en la primera, sirve los garbanzos; en la segunda, la verdura; en la tercera, la ternera cortada y los chorizos partidos en varios trozos y, por último, la carne de cerdo, cortada en trozos regulares, en la cuarta bandeja. Sirve el caldo en una sopera para que cada comensal se sirva en un cuenco; lo habitual es tomárselo al terminar el plato.

TABOULÉ CON GARBANZOS Y PASAS

TABOULÉ CON GARBANZOS Y PASAS

4

1 bote de garbanzos cocidos

100 g de sémola de trigo

1 pimiento verde

1 tomate

1 cebolla

80 g de pasas sultanas

comino

aceite de oliva

sal

Para el aliño:

hojas
de hierbabuena fresca

vinagre de Módena

el zumo de ½ limón

1 cucharadita de comino

aceite de oliva

sal

1. **Para la sémola:** calienta agua en un cazo hasta que hierva. Mientras tanto, vierte la sémola en un bol que puedas tapar, y mézclala con las pasas, una pizca de sal y otra de comino, y un chorrito de aceite. Cúbrelo con el agua hirviendo de modo que el agua apenas rebose la sémola, y tápalo. Transcurridos 8 minutos, destápalo y remueve con dos tenedores para desapelmazar los granos.

2. Corta la cebolla, el pimiento y el tomate; las semillas se desechan. Si quieres pelar el tomate, escáldalo unos segundos antes. Transfiérelo todo a una ensaladera y agrega los garbanzos, previamente lavados y escurridos.

3. A continuación, agrega la sémola y mézclalo todo.

4. **Elaboración del aliño:** mezcla un chorrito de aceite, otro de vinagre, el zumo de limón, el comino, una pizca de sal y hierbabuena fresca picada.

5. Sirve el plato con el aliño por encima.

COCIDO MADRILEÑO

🪑 6

400 g de garbanzos secos

500 g de jarrete
de ternera

1 punta de jamón
serrano

1 hueso de jamón

1 chorizo crudo

1 morcilla

150 g de tocino veteado

1 pechuga de pollo

1 carcasa de pollo

1 repollo

2 zanahorias

3 patatas

2 dientes de ajo

100 g de fideos tipo
cabello de ángel

aceite de oliva

sal

1. La noche anterior, pon los garbanzos en remojo. Deben estar 12 horas para que se hidraten bien. Después, enjuágalos y cuélalos.

2. Pon una olla al fuego con cuatro litros de agua. Agrega la carne de ternera, el hueso y la punta de jamón, los huesos de pollo y el tocino, y déjalo que hierva. Espúmalo durante toda la cocción. Cuando el agua esté hirviendo, agrega los garbanzos. Si usas una malla para cocer legumbres, serán más fáciles de retirar luego. Cuécelo todo a fuego lento durante 1 hora.

3. Pon medio litro del caldo de la carne en una cazuela y llévalo a ebullición. Pica el repollo e incorpóralo a la olla, junto con la morcilla y el chorizo. Cuécelo a fuego lento durante 30 minutos más, cuélalo y resérvalo.

4. Transcurrida 1 hora y media, agrega las zanahorias y las patatas, ambas peladas y cortadas en rodajas, y la pechuga de pollo al cocido. Cuécelo a fuego muy lento 1 hora más.

5. Por último, corta a láminas finas dos dientes de ajo y dóralos en una sartén con dos cucharadas de aceite. Cuando estén dorados, sin quemarse, agrégalos a la olla del repollo.

6. Retira los garbanzos y sírvelos en una bandeja. En otra, dispón la carne, el tocino y el pollo cortado a trozos. El repollo, las patatas y la zanahoria puedes servirlos aparte o en la misma bandeja de los garbanzos. Cuela el caldo y hierve en él los fideos (fíjate en el tiempo de cocción que indica el fabricante). Sirve la sopa como entrante y el resto del cocido, como plato principal.

COCIDO MARAGATO

300 g de garbanzos secos

½ kg de jarrete
de ternera

200 g de lacón

2 chorizos crudos

150 g de tocino veteado

150 g de panceta

1 manita de cerdo

1 oreja de cerdo

1 morro de cerdo

½ kg de costilla de cerdo

¼ de gallina

½ repollo

½ kg de patatas

3 dientes de ajo

1 cucharada de
pimentón de la Vera

100 g de fideos tipo
cabello de ángel

aceite de oliva

sal

1. La noche anterior, deja los garbanzos en remojo. Cuélalos y enjuágalos.

2. En una olla, pon abundante agua fría y agrega toda la carne, excepto los chorizos, con un poco de sal. Cuando el agua rompa a hervir, incorpora los garbanzos (usa una malla para legumbres para retirarlos después sin complicaciones). Cuécelo todo a fuego lento durante 3 horas.

3. En otra olla, con un poco de agua y sal, hierve el repollo cortado y las patatas, peladas y cortadas.

4. Mientras tanto, prepara un refrito de ajos y pimentón de la Vera. En una sartén, calienta aceite y dora los ajos pelados; cuando estén dorados, apaga el fuego y agrégales una cucharada de pimentón. Remueve e incorpóralo al repollo con patatas. Cuécelo hasta que las patatas y el repollo estén tiernos. Cuélalo y resérvalo.

5. Cuando falte media hora para terminar la cocción del cocido, agrégale los chorizos. Después, cuélalo y separa los ingredientes. Pon el caldo a hervir y echa los fideos. Rectifica de sal.

6. Sírvelo en este orden: en primer lugar, las carnes, cortadas y dispuestas en una bandeja; después, los garbanzos acompañados del repollo y las patatas. Por último, la sopa.

¿SABÍAS QUE...? *El cocido maragato se come al revés del resto de cocidos; se empieza por la carne en lugar de por la sopa.*

CREMA DE GARBANZOS
CON GAMBAS

👤 4

250 g de garbanzos secos

1 l de caldo de verduras

400 g de gambas

3 dientes de ajo

1 cebolla

2 zanahorias

aceite de oliva

sal

1. Como siempre que vayas a cocinar garbanzos secos, déjalos en remojo durante 12 horas (8 horas como mínimo); después, cuélalos y enjuágalos.

2. Vierte el caldo en una olla y llévalo a ebullición. Cuando rompa a hervir, agrega los garbanzos, la cebolla pelada y troceada, un diente de ajo pelado, las dos zanahorias peladas y troceadas y una pizca de sal. Cuécelo a fuego lento durante 2 horas.

3. Transcurrido ese tiempo, cuela los garbanzos y las verduras, y reserva el caldo. Tritúralo todo, con un poco de caldo, hasta obtener una crema fina, más o menos espesa, según tu gusto.

4. Pela las gambas y límpialas (quítales los intestinos, una especie de hilo negro que tienen en el lomo). En una sartén con un par de cucharadas de aceite, sofríe dos dientes de ajo laminados y saltea las gambas.

5. Sirve la crema de garbanzos con las gambas por encima.

CROQUETAS DE GARBANZOS

4

200 g de garbanzos cocidos

1 patata

1 cebolla

1 diente de ajo

100 g de jamón picado

harina para rebozar

1 cucharadita de levadura

aceite de oliva

sal

Este plato es ideal para usar los garbanzos hervidos que han sobrado de preparar otro plato, como el cocido.

1. En una olla, hierve una patata con piel hasta que esté tierna. Después, haz un puré con la patata, los garbanzos y una cucharadita de levadura con una batidora eléctrica o un pasapurés.

2. Pica la cebolla y el ajo, y sofríelos a fuego lento en una sartén con dos cucharadas de aceite. Agrégales sal y, cuando estén bien pochados, incorpora el jamón serrano picado y dale un par de vueltas. Déjalo enfriar y agrega este sofrito al puré de garbanzos y patata. Remuévelo todo para que queden todos los ingredientes bien mezclados.

3. Para terminar, haz bolitas con la masa y enharínalas antes de freírlas en abundante aceite caliente. Al sacarlas de la sartén, déjalas sobre papel absorbente y ya están al punto para comerlas.

CONSEJO: *Cuando cueles los garbanzos después del remojo, echa aceite de oliva sobre ellos y muévelos para que todos se impregnen. De este modo, cuando se cuezan, no se les soltará la piel.*

CURRY DE ESPINACAS Y GARBANZOS

👤 4

200 g de garbanzos secos

500 g de espinacas

100 g de arroz
blanco largo

1 cebolla

1 patata

1 zanahoria grande

1 diente de ajo

1 cucharadita
de curry de Madrás

1 cucharadita
de pimentón picante

2 guindillas (opcional)

aceite de oliva

sal

1. Los garbanzos tienen que estar en remojo 12 horas antes de la cocción. Después, cuélalos. Lleva a ebullición dos litros de agua. Cuando rompa a hervir, echa los garbanzos y baja el fuego.

2. Mientras tanto, limpia las espinacas y hiérvelas en una cazuela con un litro de agua y un poco de sal durante 5 minutos. Aparte, cuece también el arroz en agua hirviendo durante 10 minutos; retíralo del fuego y cuélalo un poco antes de que esté hecho del todo.

3. Pela y pica la cebolla y ponla a pochar, a fuego lento, en una cazuela con dos cucharadas de aceite y una pizca de sal. Transcurridos 10 minutos, agrega la zanahoria cortada a rodajas y el ajo, picado. Déjalo 5 minutos y agrega la patata pelada y cortada a dados pequeños. Rectifica de sal y rehoga las verduras durante 10 minutos más.

4. Transcurrido este tiempo, incorpora al sofrito el curry de Madrás y el pimentón picante. Si te gusta mucho el picante, agrega también las guindillas. Remueve con la cuchara de madera para que las especias se integren con el resto de ingredientes y no se quemen.

5. Seguidamente, incorpora los garbanzos cocidos y bien escurridos, remueve para que se mezclen con el sofrito, agrega el arroz, las espinacas y 100 ml de agua. Cuécelo a fuego medio hasta que el agua se evapore. Y ya está terminado el plato.

¿SABÍAS QUE...?   *Si pones una cucharada de sal gorda en el agua del remojo, los garbanzos se cocerán mejor y más rápido.*

ENSALADA DE GARBANZOS A LA NARANJA

▲ 4

200 g de garbanzos secos

2 naranjas

1 tomate de ensalada

1 cebolleta grande

1 diente de ajo

10 ml de vinagre balsámico

menta fresca

30 ml de aceite de oliva

sal

1. En primer lugar, cuece los garbanzos (como siempre, debes dejarlos la noche anterior en remojo). Si los tienes ya cocidos, usa cien gramos por persona.

2. Mientras los garbanzos se cuecen (calcula 1 hora y media como mínimo), prepara la vinagreta para la ensalada: pela una naranja sin que quede nada de piel blanca y córtala a dados; corta la cebolleta en juliana y el tomate, también a dados. Agrega un diente de ajo picado. Haz un zumo con la otra naranja y pon a macerar todos los ingredientes en el zumo, el aceite y el vinagre balsámico, con una pizca de sal.

3. Cuela los garbanzos, enfríalos y agrégalos a la preparación.

4. Para darle un toque de frescor, pica unas hojitas de menta fresca y disponlas sobre el plato de la ensalada en el momento de servir.

¿SABÍAS QUE...? *Los garbanzos se pueden congelar sin problemas. Déjalos enfriar en el agua de la cocción y separa las raciones que quieras guardar. Cúbrelos con agua de la cocción y congela. Para descongelar, un baño María o en la nevera es lo ideal.*

ENSALADA AGRIDULCE
DE GARBANZOS

150 g de garbanzos secos

1 tomate de ensalada

1 cebolla tierna

4 huevos

2 latas de atún

*4 o 5 pepinillos
en vinagre*

mayonesa

vinagre de jerez

aceite de oliva

sal

1. La noche anterior, deja en remojo los garbanzos. Cuélalos y enjuágalos.

2. Pon agua a calentar en una olla y, cuando rompa a hervir, agrega los garbanzos y cuécelos a fuego lento durante 2 horas.

3. Mientras tanto, corta el tomate a dados y la cebolla en juliana, y transfiérelos a un bol con dos cucharadas de aceite y dos de vinagre. Déjalo macerar media hora.

4. Cuece los huevos en agua durante 10 minutos (cuenta el tiempo desde el momento en que el agua hierva). Enfríalos con agua y pélalos bajo el grifo. Pártelos por la mitad y extrae las yemas. Resérvalas aparte.

5. A continuación, pica los pepinillos y mézclalos con el atún y las yemas de huevo, excepto media, que la usarás para decorar. Prueba la mezcla y rectifícala de sal. Agrega una cucharada de mayonesa y rellena las claras de huevo con esta preparación.

6. Mezcla los garbanzos con el tomate y la cebolla macerados. Sirve dos mitades de huevo duro por persona y coloca la mezcla de garbanzos en el plato de modo que los huevos rellenos queden en el centro. Termina el plato rallando la yema del huevo sobre los huevos duros para decorar.

RECUERDA: *El tiempo de cocción de cualquier legumbre varía unos minutos en función de la dureza del agua con que se hierven y de la intensidad del fuego.*

ENSALADA DE GARBANZOS CON SALMOREJO

👤 4

400 g de garbanzos cocidos

1 lechuga

taquitos de jamón serrano

Para el salmorejo:

300 g de tomates maduros

75 g de aceite de oliva virgen extra

100 g de miga de pan seca

1 diente de ajo

sal

1. Elaboración del salmorejo: quita la piel y las semillas a los tomates (para que te sea más fácil, puedes escaldar los tomates unos segundos en agua hirviendo). En el vaso de la batidora, pon los tomates, el aceite, la miga de pan y el diente de ajo, pelado. Tritúralo todo hasta que quede una crema espesa.

2. Corta la lechuga en juliana y mézclala con los garbanzos. Transfiérelo todo a una bandeja y vierte por encima el salmorejo que has preparado. Rectifica de sal si es necesario.

3. Termina el plato con los taquitos de jamón serrano. Si lo prefieres, puedes saltear durante 1 minuto el jamón en una sartén.

CONSEJO: *Este plato de verano está más sabroso al día siguiente de prepararlo, después de una noche en la nevera.*

ENSALADA DE GARBANZOS Y ESPINACAS

👤 4

250 g de garbanzos pequeños cocidos

500 g de brotes de espinacas

100 g de queso parmesano

2 tomates de ensalada

1 cebolla tierna

aceitunas negras

brotes de alfalfa

vinagre de Módena

aceite de oliva virgen extra

sal

1. Corta los tomates a dados, quítales las semillas, y corta la cebolla en juliana. Transfiérelos a un bol y agrégales dos cucharadas de aceite, dos cucharadas de vinagre y una pizca de sal. Macéralo una media hora.

2. Coloca en una fuente grande los brotes de espinacas, previamente lavados y escurridos, y agrega unos daditos de parmesano. En la parte central, dispón los garbanzos de modo que las espinacas formen una corona a su alrededor.

3. Sobre las espinacas, agrega brotes de alfalfa, previamente lavados y escurridos, y vierte la vinagreta con la cebolla y el tomate. Decóralo con unas aceitunas negras y sirve la ensalada fresca.

CONSEJO: *Cuando te dispongas a hervir garbanzos solos, es una buena idea cocer más cantidad y guardar los que sobren para hacer una ensalada al día siguiente.*

KOFTAS DE GARBANZOS

👤 4 ●━ ━●

100 g de garbanzos secos

200 g de espinacas frescas

1 cucharadita de comino en polvo

1 cucharadita de cúrcuma en polvo

1 cucharadita de pimentón en polvo

100 g de harina de garbanzos

aceite de oliva

sal

Para la salsa:

1 yogur griego

1 cucharada de tahini (pasta de sésamo)

el zumo de ½ limón

cilantro picado

sal

1. La noche anterior, deja los garbanzos en remojo. Después, cuélalos y enjuágalos.

2. Pon agua a calentar en una olla y hierve los garbanzos durante 2 horas. Transcurrido ese tiempo, cuela los garbanzos y tritúralos con las especias indicadas y una pizca de sal. Resérvalos.

3. Lava las espinacas, escúrrelas bien y trocéalas. Seguidamente, saltéalas con una cucharada de aceite en una sartén durante 2 minutos o hasta que se reduzca su tamaño y pierdan toda el agua. Mézclalas con la pasta de garbanzos.

4. **Elaboración de la salsa:** con la batidora eléctrica, mezcla el yogur y el zumo de limón con la *tahini*. Bate bien la salsa y agrégale un poco de cilantro picado y una pizca de sal.

5. Con la masa de garbanzos, haz bolas del tamaño de una nuez y pásalas por la harina de garbanzos (aunque si no dispones de ella puedes usar cualquier otro tipo de harina).

6. Fríelas en abundante aceite caliente y sírvelas templadas, acompañadas de la salsa de yogur.

ENSALADA DE SÉMOLA CON GARBANZOS

👤 4

150 g de garbanzos secos

200 g de sémola de trigo cocida (cuscús)

1 lechuga

1 pimiento rojo

1 pimiento verde

100 g de aceitunas sin hueso

1 cebolla

1 tomate de ensalada

hojas de menta fresca

vinagre de jerez

aceite de oliva

sal

1. La noche anterior, deja los garbanzos en remojo. Después, enjuágalos, cuélalos y hiérvelos en una olla durante 2 horas a fuego lento. Recuerda echar los garbanzos a la olla cuando el agua ya esté hirviendo; de lo contrario, quedarán duros. Cuando estén cocidos, cuélalos y déjalos enfriar.

2. Cocina el cuscús: pesa cien gramos en seco y, en una cazuela, calienta 100 ml de agua con un poco de sal y un chorro de aceite. Cuando el agua hierva, apaga el fuego y agrega el cuscús. Déjalo en remojo durante 3 minutos antes de echar un chorro de aceite, volver a encender el fuego y remover el cuscús durante 3 minutos más. Déjalo enfriar.

3. Lava y corta todas las verduras en pequeños dados; las aceitunas, en rodajas, y la lechuga, en juliana. Mezcla todos los ingredientes en una ensaladera y aliña con aceite, sal y dos cucharadas de vinagre en el momento de servir. Decora con las hojitas de menta.

ENSALADILLA RUSA DE GARBANZOS

👤 4

100 g de garbanzos secos (200 g cocidos)

2 patatas grandes

2 zanahorias grandes

200 g de judías verdes

2 latas de atún

50 g de guisantes cocidos (opcional)

aceitunas deshuesadas

4 huevos

mayonesa

Este plato es muy parecido a la ensaladilla rusa clásica, pero se sustituyen los guisantes por garbanzos. Si te gustan mucho los guisantes, también los puedes poner.

1. Deja en remojo los garbanzos durante 12 horas y, después, cuécelos en agua hirviendo, a fuego lento, durante 2 horas.

2. Mientras tanto, corta toda la verdura en dados lo más regulares que puedas y cuécela al vapor. Lo mejor es hacerlo por separado, ya que no toda la verdura tarda lo mismo en hacerse. Aprovecha la olla donde cocinas al vapor para poner los cuatro huevos dentro y cocerlos durante 10 minutos.

3. Una vez tengas la verdura cocida, transfiérela a una fuente grande. Pela y corta a dados los huevos. Trocea las aceitunas en láminas y agrega los garbanzos a la fuente.

4. Mézclalo todo bien y agrega las dos latas de atún, previamente escurrido de aceite. Sala un poco, a tu gusto, e incorpora dos cucharadas de mayonesa. Remueve con cuidado para que todos los ingredientes se mezclen y reserva la ensaladilla en la nevera. Sírvela bien fría.

ESCUDELLA Y *CARN D'OLLA*

100 g de garbanzos

1 trozo de costilla de ternera

1 trozo de costilla de cerdo

100 g de panceta

1 cola de cerdo

1 manita de cerdo

¼ de pollo

1 butifarra negra

1 butifarra blanca

1 hueso de ternera

½ col

2 zanahorias

1 rama de apio

1 puerro

1 cebolla

1 nabo

2 patatas

100 g de galets (tiburones, pasta para sopa)

1 cucharada de manteca de cerdo

1. Llena una olla de agua y ponla al fuego con una cucharada de sal. Cuando rompa a hervir, incorpora la costilla y el hueso de ternera, la panceta y toda la carne de cerdo. Cuécelo y despúmalo.

2. Después de 1 hora, agrega los garbanzos, que habrán estado en remojo 12 horas. Cuécelo otros 60 minutos.

3. Transcurrida la segunda hora, agrega las verduras, a excepción de las patatas, y cuécelo 60 minutos más, esta vez tapado. Mientras tanto, prepara la albóndiga (*pilota* en catalán): junta todos los ingredientes y amásalos con las manos. Dale forma redonda.

4. Una hora más tarde, agrega a la olla el pollo, las patatas, enteras y peladas, la albóndiga, las butifarras y la manteca.

5. Media hora después, retira las verduras y resérvalas en una bandeja. Dispón toda la carne en otra bandeja y cuela el caldo. Vuelve a hervir el caldo y agrega los *galets*. El tiempo de cocción dependerá de su tamaño (sigue las indicaciones del fabricante). Sirve la sopa en primer lugar, y la carne, como segundo, acompañada de verduras y garbanzos.

Para la pilota:

100 g de carne de cerdo picada

100 g de carne de ternera picada

1 diente de ajo

perejil picado fino

100 g de pan rallado

50 ml de leche

pimienta

aceite de oliva

sal

FALAFEL

👤 4   🥄

150 g de garbanzos secos

2 cebollas pequeñas

2 dientes de ajo

1 manojo de cilantro

1 cucharadita de levadura

tahini *para acompañar (opcional)*

harina de garbanzos para rebozar

aceite de oliva

sal

1. Deja los garbanzos en remojo durante 72 horas. Cambia el agua cada 24 horas. El tercer día, cuélalos y ponlos en la trituradora. Agrégales las cebollas peladas, dos dientes de ajo machacados, la levadura y dos cucharaditas de sal. Tritúralo todo hasta que quede una masa densa y uniforme. Seguidamente, agrega el cilantro troceado, mejor si lo partes a mano, y tritura de nuevo para mezclar los ingredientes.

2. Transfiere la masa a un bol y déjala reposar en la nevera durante 1 hora.

3. Transcurrido este tiempo, forma bolas con las manos, del tamaño de una nuez grande; ayúdate de una cuchara para medir la cantidad. Una vez hechas las bolas, aplánalas y rebózalas con harina de garbanzos (puedes usar cualquier otro tipo de harina si no dispones de harina de garbanzos).

4. Fríe los *falafels* en una sartén en abundante aceite caliente hasta que estén dorados. Déjalos sobre papel absorbente antes de servir. Acompáñalos, si quieres, de ensalada o *tahini*.

¿SABÍAS QUE...?   *El origen del* falafel *se remonta a los tiempos del Corán en el subcontinente indio. Actualmente, se cocina en la India, el Pakistán, Oriente Medio y el Magreb.*

FARINATA

👤 4

300 g de harina de garbanzos

900 ml de agua

100 ml de aceite de oliva

hierbas aromáticas (tomillo y romero)

pimienta

sal

1. En un cuenco grande, mezcla la harina de garbanzos con el agua, una cucharada de aceite y una de sal. Remueve la mezcla con cuidado durante un buen rato hasta que obtengas una masa fina y sin grumos. Déjala reposar tapada y fuera de la nevera durante 5 o 6 horas.

2. Precalienta el horno a 200 ºC.

3. Cubre con aceite el fondo de una bandeja de hornear y distribuye la masa; ayúdate con las manos untadas en aceite para esparcirla bien. Píntala con aceite de oliva y agrega una pizca de pimienta, de romero y de tomillo.

4. Hornea a 180 ºC la *farinata* hasta que esté bien dorada. Si quieres que quede crujiente, enciende el gratinador durante los últimos minutos. Retírala y sírvela.

GARBANZOS CON ESPECIAS

4

400 g de garbanzos cocidos

3 tomates maduros

2 cebollas grandes

el zumo de ½ limón

1 diente de ajo

1 ½ cucharadas de curry

1 cucharada de cilantro picado

1 cucharadita de cúrcuma

½ cucharadita de jengibre en polvo

½ cucharadita de cayena en polvo

aceite de oliva

sal

1. Corta las cebollas a plumas y sofríelas en una sartén con tres cucharadas de aceite. Cuando empiece a estar transparente, agrégale el ajo, previamente picado, y el tomate, cortado a dados y sin pepitas.

2. Transcurridos 5 minutos, agrega todas las especias menos el curry y remueve para que se mezclen los sabores, durante 3 minutos más.

3. Por último, agrega los garbanzos a la sartén y mézclalos con el curry. Pruébalos y rectifica de sal. En el momento de servir, alíñalos con el zumo de limón y con una pizca de cilantro picado.

LENTEJAS

Alimento de reyes y obreros

Las lentejas han acompañado al hombre mediterráneo
desde los albores de la civilización. Los primeros restos
de los que se tiene constancia se hallaron en Siria,
y tienen 11.000 años de antigüedad: en esa época, las
lentejas aún no se cultivaban, solo se recolectaban de
las plantas silvestres. No sabemos exactamente cuándo
empezó su cultivo, pero es seguro que fue uno de
los primeros productos agrícolas. Hoy en día, están
presentes en la alimentación de buena parte
de la humanidad.

Nombre:

Lens culinaris (nombre científico), *llentia* (catalán), *dilista* (vasco), *lentella* (gallego y aragonés).

Variedades más consumidas en nuestro país:

Pardinas, negras, rubias, castellanas y canadienses.

Propiedades nutritivas:

Ricas en hierro y magnesio, hidratos de carbono, fibra, vitaminas B1, B3 y B6.

Cómo consumirlas:

Germinadas, en guisos y potajes, en ensaladas, en cremas; y su harina, en tortas y *papadums*.

UN POCO DE HISTORIA

Las lentejas son originarias del Próximo Oriente, aunque no se sabe con exactitud cuándo empezó el hombre del Neolítico a cultivarlas. Se han hallado restos en Israel, que datan del 6600 a. de C., y también en Turquía hay evidencias de su cultivo desde el 5000 a. de C. Fueron uno de los primeros productos agrícolas; sin embargo, mucho antes de cultivarlas, nuestros antepasados ya consumían lentejas que recolectaban directamente de las plantas silvestres.

En Egipto, las lentejas fueron un alimento básico, sin distinción de clases: se sabe que formaban parte de la dieta de los esclavos que trabajaban en las pirámides, pero también de los faraones, tal como demuestra un fresco del 1200 a. de C. en que se ve a un sirviente cocinándole lentejas a Ramsés III. Fue en Egipto, también, donde se implantó el cultivo sistemático de lentejas: las producían no solo para consumo interno, sino también para exportarlas a otras regiones de la cuenca mediterránea. Curiosamente, parece que griegos y romanos las consideraron un alimento vulgar e indigno de las clases altas, a pesar de que el célebre médico Hipócrates ya señalaba en el siglo v a. de C. los beneficios de su consumo.

En Egipto, las lentejas fueron un alimento básico, sin distinción de clases: se conserva un fresco del 1200 a. de C. en que se ve a un sirviente cocinándole lentejas a Ramsés III.

Durante la Edad Media, las lentejas fueron muy apreciadas y consumidas, aunque en el siglo XVII se las volvió a considerar un alimento de pobres, en ocasiones, solo digno de los caballos. Finalmente, con la Revolución Francesa se recuperó su consumo, y ya no volvió a abandonarse.

POR UN PLATO DE LENTEJAS

Según los textos bíblicos, Jacob, el hijo menor de Isaac y nieto de Abraham, obtuvo los derechos de primogenitura de su hermano mayor Esaú a cambio de un plato de lentejas.

Cuenta el relato (Génesis 25:34) que Esaú volvió un día a casa exhausto después de una jornada de cacería. Allí vio que Jacob estaba a punto de consumir un delicioso guiso de lentejas y le pidió que se lo ofreciera, pues le fallaban las fuerzas. Jacob aprovechó la debilidad de su hermano para pedirle a cambio la primogenitura, y este accedió. De ese modo, se intercambiaron los destinos y, mientras Jacob heredó el patriarcado de la tribu de Isaac y fue el padre de los israelitas, Esaú prácticamente desapareció de la historia.

Hoy en día, a la popular *mujaddara* siria –un plato típico del Próximo Oriente a base de lentejas rojas, trigo, cebolla y arroz– se la sigue conociendo como «la favorita de Esaú». Los sirios judíos que siguen la tradición consumen este plato dos veces a la semana: caliente los jueves y frío los domingos.

UN REGALO PARA EL ORGANISMO

Las lentejas, como el resto de legumbres, son un alimento muy rico en nutrientes, y se recomienda su consumo en todas las etapas de la vida, desde la infancia hasta la vejez. Son una importante fuente de hidratos de carbono complejos, es decir, de absorción lenta (los que proporcionan energía a medio y largo plazo, manteniendo constantes los niveles de glucosa en sangre).

Estas legumbres son especialmente ricas en vitaminas B1, B3 y B6. Son abundantes también el zinc (protector de los huesos), el magnesio (necesario para los sistemas nervioso y muscular) y, sobre todo, el hierro (previene la anemia, fortalece el sistema inmunitario y regula las glándulas tiroides, entre otros beneficios).

Las lentejas también aportan fibra, por lo que son muy recomendables para regular el tránsito intestinal y prevenir los problemas de colon. Su contenido moderado en lípidos también las convierte en aliadas de quien debe controlar su peso, pese a lo que se suele creer sobre su aporte calórico.

Indicadas para combatir la osteoporosis y la descalcificación de los huesos, las lentejas también son beneficiosas contra la artrosis, la artritis, la diabetes y las patologías cardiovasculares y degenerativas. Asimismo, fortalecen los dientes, el pelo, la piel y las uñas, y sus propiedades antioxidantes las hacen un buen aliado contra el cáncer.

PARDAS, RUBIAS, NEGRAS, DE AQUÍ Y DE ALLÍ

Las lentejas provienen de una planta de la familia *Fabaceae,* del género *Lens* y la especie *culinaris*. Estas legumbres crecen dentro de una vaina que contiene de dos a tres semillas de lenteja.

Hoy en día, su cultivo está muy diversificado, y se suelen distinguir tres grandes grupos: las lentejas pequeñas, las grandes y las peladas. Entre las primeras, destacan las pardinas y las negras, estas últimas también llamadas lentejas beluga o caviar. Entre las segundas, están la lenteja reina y la lenteja rubia de La Armuña, entre otras. Y en el último grupo se encuentran las lentejas Crimson o canadienses, y las Red Chief. Veámoslas:

- **Lenteja pardina:** debe el nombre a su color marrón pardo. Es ideal para ensaladas y, al ser de cocción rápida, también para todo tipo de guisos y platos rápidos.
- **Lenteja negra, caviar o beluga:** se denomina así por su parecido físico al caviar, ya que es negra, pequeña y de aspecto brillante. Es muy sabrosa, y recientemente se ha puesto de moda en la alta cocina, por lo que su precio ha subido notablemente. Su textura es fina y tiene más proteínas que cualquier otra lenteja.
- **Lenteja verde de Puy:** procedente de la región francesa que le da el nombre, es un tipo de lenteja baja en almidón, muy apreciada por su olor a nuez y su textura suave.
- **Lentejas Urid o Urad Dhal:** lentejas de color blanco, originarias de la India, con un alto contenido en proteínas.

LENTEJAS GRANDES:

- **Lenteja reina o castellana:** de color verde claro y aplanada, es la lenteja más popular en nuestro país, junto con la pardina. Es, también, la de mayor tamaño (entre 7 y 9 mm de diámetro). Dentro de este grupo, es muy apreciada la de Salamanca, de piel muy fina y sabor suave.
- **Lenteja de La Armuña:** esta lenteja de Segovia tiene denominación de origen y se exporta a muchos países. Es muy sabrosa y se emplea en platos fuertes de invierno, como potajes, guisos y estofados.

LENTEJAS PELADAS:

- **Lenteja Crimson o canadiense:** de color anaranjado, es muy apreciada por su rápido proceso de cocción: se cuece en 10 minutos y resulta excelente para purés y ensaladas.
- **Lenteja Red Chief:** esta lenteja egipcia de color rojizo o anaranjado es muy consumida en Pakistán, donde se conoce como *Masoor Dahl.*

· ·

LA ANÉCDOTA:

En el siglo XIV, empezaron a fabricarse las primeras gafas con discos de vidrio biconvexo. Como los discos tenían forma de lenteja, se los llamó «lentejas (*lens,* en latín) de vidrio» y de ahí, «lentes».

· ·

MANUAL DE USO

Las lentejas son, probablemente, las más versátiles de las legumbres. Como el resto de ellas, son alimentos poco perecederos debido a su bajo contenido en agua, y pueden mantenerse en óptimas condiciones durante mucho tiempo (siempre y cuando se reserven en un lugar apropiado: fresco, seco y protegido de la humedad y del sol).

- **Secas:**

  Si se compran a granel, se recomienda consumirlas antes de los 18 meses desde el momento de su compra, ya que con el paso del tiempo se alteran sus características y será necesario más tiempo de cocción. Si tienen mucho tiempo, hay que dejarlas en remojo previamente. Lo mejor es guardarlas en un recipiente opaco que no deje pasar la luz para evitar que se oxiden y pierdan color. Si se compran envasadas, es preferible mantenerlas así y respetar las indicaciones del fabricante.

  Una vez cocidas, se conservan en la nevera varios días, o varios meses si se congelan. En este caso, se recomienda una descongelación lenta (en la nevera) antes de consumirlas.

- **En conserva:**

  Las lentejas en conserva no requieren cocción. Pueden emplearse tal cual, una vez limpias y escurridas, para ensaladas o elaboraciones frías como el *hummus*. También se pueden saltear, guisar y estofar, aunque en estos casos debemos tener en cuenta que el tiempo de cocción es muy breve, mucho menor que el de las lentejas secas.

- **Germinadas:**

  Las lentejas germinadas, o brotes de lentejas, se consumen crudas, y son deliciosas en ensaladas y como acompañamiento en segundos platos.

- **Harina:**

  El uso de la harina de lentejas no es muy frecuente, aunque sí se emplea como sustituto de la harina de trigo para elaboraciones sin gluten.

Las propiedades antidepresivas de las lentejas

Aseguraba Apiano de Alejandría, el célebre historiador romano del siglo II d. de C., que «al comer lentejas de Egipto, el hombre se vuelve alegre y divertido». Para Apiano, ese curioso poder de levantar el ánimo a los deprimidos era el lógico motivo por el que los romanos servían lentejas en las cenas funerarias.

Ni Apiano ni los romanos iban desencaminados: las lentejas son ricas en triptófano, un aminoácido que actúa como relajante natural y es precursor de la serotonina, el neurotransmisor que ayuda a equilibrar la relación entre las células nerviosas, cuyos niveles bajos se relacionan con los síntomas de la depresión.

ALBÓNDIGAS VEGETALES DE LENTEJAS

👤 4

200 g de lentejas
pardinas secas

500 ml de caldo
de verduras

1 cebolla

1cucharadita de curry

4 cucharadas
de pan rallado

1 cucharada
de aceite de oliva

sal

1. Dispón en un cazo grande las lentejas y el caldo de verduras frío. Hiérvelo a fuego medio durante 35 minutos;
debes calcular el tiempo desde que rompa a hervir.

2. Pela y pica finamente la cebolla. Calienta el aceite en
una cazuela y rehógala con un poco de sal. Cuando esté
transparente, agrega el curry y remueve.

3. Transcurridos 2 minutos, agrega a la cazuela las lentejas con el caldo de verduras y cuécelas 5 minutos más,
para que el caldo se evapore. Seguidamente, agrega el
pan rallado y remueve bien. Comprueba que las lentejas estén cocidas, retíralas del fuego y deja que se enfríen antes de formar bolitas con las manos.

4. Precalienta el horno a 180 ºC.

5. Para que no se rompan las albóndigas, y para evitar
añadir calorías extra, ásalas en el horno.

6. Unta una bandeja con aceite, coloca las albóndigas y
píntalas con un poco de aceite. Hornéalas a 180 ºC durante 10 o 15 minutos (hasta que estén tostadas por fuera) y ya están listas.

CONSEJO: *Puedes añadir arroz hervido a la masa de las albóndigas
para conseguir una dosis extra de proteína.*

BHUJA DE LENTEJAS (ALBÓNDIGAS AL ESTILO INDIO)

👤 4

200 g de lentejas
rojas secas

1 patata grande

1 cebolla

harina para rebozar
(puede ser de lentejas)

1 cucharadita
de cilantro

1 cucharadita
de levadura

½ cucharadita
de cúrcuma

½ cucharadita
de comino

aceite de oliva

sal

Para la salsa:

100 ml de salsa
de tomate

200 ml de nata
para cocinar

2 dientes de ajo

jengibre fresco

aceite de oliva

sal

1. Hierve las lentejas a fuego bajo: para las lentejas rojas, entre 15 y 20 minutos de cocción bastan. Escúrrelas y resérvalas.

2. Pela y ralla la cebolla y la patata en un cuenco, agrégales las lentejas, las especias, la sal y la levadura, y mézclalo bien. Amásalo con los dedos; las lentejas tienen que quedar aplastadas. Déjalo reposar en la nevera 1 hora.

3. Escurre el agua que puedan haber soltado los ingredientes y forma bolas del tamaño de una nuez. Pasa las bolitas por harina para rebozar o harina de lentejas.

4. Fríe las albóndigas en abundante aceite caliente hasta que estén bien doradas. Colócalas sobre papel absorbente.

5. Elaboración de la salsa: limpia y ralla un poco de jengibre (una cucharadita bastará), y fríelo junto a los dientes de ajo pelados y machacados. Agrega la salsa de tomate y la nata, y rectifícalo de sal. Cuando esta mezcla rompa a hervir, agrega las albóndigas y cuécelo 5 minutos más. Sírvelo caliente.

CONSEJO: *Si no encuentras harina de lentejas, la puedes hacer fácilmente en casa con una batidora de vaso o un robot de cocina.*

CARACOLES CON LENTEJAS NEGRAS Y CHORIZO

👤 4

250 g de lentejas negras secas

200 g de tomate triturado

1 kg de caracoles

1 chorizo picante

1 cebolla

2 dientes de ajo

1 hoja de laurel

1 cucharada de aceite de oliva

sal

1. Purga los caracoles: Compra los caracoles vivos una semana antes de cocinarlos y déjalos en su misma malla, en un lugar ventilado. Transcurrida la semana, abre la malla y sumérgelos en un recipiente con agua, sal y vinagre para que suelten la baba. Para que no se escapen, cubre el borde del recipiente con sal. Déjalos un par de días así. Finalmente, lávalos varias veces bajo el grifo.

2. Pon las lentejas en una olla con agua fría, una hoja de laurel y un poco de sal. Cuando rompa a hervir, cuécelas a fuego medio durante 25 minutos. Transcurrido el tiempo, comprueba que estén cocidas y cuélalas. Resérvalas.

3. Dispón agua fría, sal y los caracoles en otra olla. Ponla en el fuego y, cuando rompa a hervir, calcula entre 7 y 10 minutos de cocción. Retira la espuma que se forma.

4. Mientras, pon al fuego una cazuela con una cucharada de aceite. Corta el chorizo picante, fríelo en la cazuela y resérvalo.

5. Pica la cebolla y el ajo bien finos, y sofríelos en el mismo aceite, a fuego medio y removiendo para que no se queme el ajo. Cuando la cebolla esté transparente, agrégale el tomate triturado y rectifica de sal. Si lo cueces a fuego medio con 15 minutos bastará, aunque cuanto más lento hagas el sofrito, mejor quedará.

6. Finalmente, agrega las lentejas y los caracoles, y cuécelo todo junto unos 10 minutos más para que se mezclen los sabores.

¿SABÍAS QUE...? : *A pesar de haberlos purgado, los caracoles suelen soltar mucha espuma al hervirlos, por lo que tendrás que ir retirándola con un cucharón.*

CAZUELITAS DE LENTEJAS CON *FOIE*

4

250 g de lentejas
pardinas secas

150 g de foie micuit

1 cebolla

1 zanahoria

1 pimiento verde

1 tomate grande

1 patata

2 dientes de ajo

2 cucharadas de aceite
de oliva

pimienta

sal

1. **Prepara un sofrito:** pela y pica la cebolla bien fina y rehógala en una cazuela con el aceite, un poco de pimienta y sal. Pela y pica el ajo y agrégalo también. Sofríelo todo a fuego lento hasta que la cebolla esté transparente. A continuación, limpia el pimiento, el tomate y la zanahoria, córtalos en *brunoise* (a daditos muy pequeños) y sin pepitas y agrégalos a la cazuela. Sofríelo todo a fuego lento durante 15 minutos.

2. Transcurrido este tiempo, agrega las lentejas y vierte un litro de agua fría. Cuece a fuego muy lento removiendo con cuidado. Rectifica de sal.

3. Pela la patata y córtala en cubos pequeños. Agrégalos a las lentejas pasados 20 minutos. Cuece a fuego lento durante 20 minutos más, hasta que las lentejas estén blandas y la patata casi deshecha.

4. Sirve las lentejas en cazuelitas individuales y agrega unos dados de *foie* en cada una de ellas. Tapa las cazuelitas para que el *foie* se derrita con el calor.

CORONA DE ARROZ CON LENTEJAS

🔢 6

200 g de lentejas cocidas
300 g de arroz basmati
50 g de piñones
50 g de pasas
200 g de espinacas
50 ml de aceite de oliva
1 zanahoria
2 huevos
sal

1. Hierve el arroz en una cazuela con un poco de sal; cuando ya esté listo, resérvalo. Aparte, cuece los huevos entre 10 y 12 minutos.

2. Mientras tanto, pela y pica la zanahoria, y enjuaga y cuela las lentejas.

3. En una sartén con dos cucharadas de aceite, rehoga la zanahoria. Cuando empiece a estar blanda, agrégale los piñones y remueve para que no se quemen. Limpia las pasas y las espinacas. Corta las espinacas en juliana (en tiras finas) e incorpóralas, junto a las pasas, a la sartén.

4. Deja que las espinacas reduzcan unos 5 minutos a fuego bajo, y agrega el arroz. Riégalo con un chorrito de aceite y mezcla bien todos los ingredientes. Rectifícalo de sal.

5. Seguidamente, rellena un molde en forma de corona con la mezcla de la sartén. Presiona bien el arroz para que no pierda la forma al desmoldarlo. Ponlo boca abajo en la bandeja que llevarás a la mesa.

6. Antes de desmoldar, dispón las lentejas en el centro de la corona y, sobre ellas, los huevos duros picados. Desmolda con cuidado para que la corona de arroz quede alrededor de las lentejas. Alíñalo con aceite de oliva y ya está listo para servir.

CONSEJO: *Para pelar más fácilmente los huevos duros, hiérvelos en agua con una pizca de sal y pélalos bajo el chorro del agua o sumergidos en un bol con agua.*

CREMA DE LENTEJAS, ALCACHOFAS Y POLLO

4

150 g de lentejas secas

200 g de pechuga
de pollo

4 alcachofas

1 cebolla

3 ajos

1 l de caldo de pollo

2 cucharadas
de aceite de oliva

pimienta

sal

1. La noche anterior, deja las lentejas en remojo. El día siguiente, enjuaga las lentejas debajo del grifo hasta que el agua salga limpia.

2. Pela y corta la cebolla en plumas y sofríela en una olla a fuego medio con las dos cucharadas de aceite y un poco de sal. Corta el pollo a dados y agrégalo a la olla. Salpimiéntalo.

3. Mientras se va cociendo, pela y pica los ajos y agrégalos al sofrito. Si ves que se empiezan a quemar, agrega un poco de caldo.

4. Pela las alcachofas y limpia los corazones. Pártelos en dos y agrégalos a la olla. Por último, incorpora a la preparación las lentejas y el caldo de pollo. Rectifica de sal y cuécelo a fuego lento durante 35 minutos. Transcurrido este tiempo, apaga el fuego y déjalo reposar.

5. Cuando las lentejas estén templadas, transfiérelo todo al vaso de la batidora y tritura hasta obtener una crema.

CREMA DE LENTEJAS
CON BRANDADA DE BACALAO

180 g de lentejas negras

1 puerro

1 cebolla

1 diente de ajo

2 cucharadas de aceite de oliva

sal

Para la brandada:

200 g de bacalao desalado

50 ml de nata

50 ml de aceite de oliva

2 dientes de ajo

pimienta

sal

tostaditas o pan para tostar

1. Empieza escaldando el bacalao: calienta un litro de agua en una olla y, cuando esté hirviendo, sumerge el bacalao y retíralo enseguida, a los 30 segundos como máximo. Reserva el agua.

2. Enjuaga las lentejas bajo el grifo hasta que el agua salga limpia. Corta el puerro, pela y corta la cebolla y el diente de ajo, y sofríelos en una cazuela con dos cucharadas de aceite. Cuando empiecen a estar dorados, agrega las lentejas, un poco de sal y medio litro del agua de escaldar el bacalao. Hiérvelo y baja el fuego para que las lentejas se cuezan lentamente durante 20 minutos.

3. Mientras tanto, prepara la brandada.

4. **Elaboración de la brandada:** desmiga el bacalao en un plato, retirándole la piel y las espinas. En una cazuela, dispón 50 ml de aceite y fríe los ajos. Cuando estén fritos, retíralos. Retira el aceite y resérvalo.

5. A continuación, coloca el bacalao desmigado en esa misma cazuela, con un poco del aceite. Remueve con una cuchara de madera hasta que el bacalao haya absorbido el aceite. Agrega un poco de nata y mézclala hasta que esté bien integrada. Repite la operación con aceite y con nata alternadamente. Una vez tengas la pasta, pásala por la batidora.

6. Comprueba que las lentejas estén cocidas y tritúralas con su líquido de cocción y una pizca de sal y pimienta.

7. Sirve la crema caliente acompañada con tostaditas untadas con la brandada.

CREMA DE LENTEJAS CON DADITOS DE *FOIE*

200 g de lentejas pardinas secas

1 l de caldo de verduras

200 ml de nata para cocinar

100 g de foie micuit

3 puerros

1 hoja de laurel

2 cucharadas de aceite de oliva

sal

1. Llena un bol con agua y deja las lentejas en remojo la noche anterior. Después, enjuágalas y cuélalas.

2. Limpia y pica los puerros, dóralos en la cazuela con dos cucharadas de aceite y un poco de sal. Cuando los puerros estén transparentes y un poco dorados, agrega las lentejas, el caldo (frío), la hoja de laurel y llévalo a ebullición. Rectifica de sal. Una vez ha empezado a hervir, baja el fuego y calcula 30 minutos de cocción.

3. Cuando las lentejas estén hechas, cuélalas pero reserva el líquido de la cocción. Tritúralas con la batidora de mano, e incorpora, a la vez, la nata líquida y un poco del caldo de la cocción. Agrega líquido hasta que quede una crema fina.

4. Sirve la crema en los platos y, encima, coloca daditos de *foie micuit*, que no necesita ningún tipo de cocción. Deja que se caliente con la temperatura de la crema y será suficiente.

CONSEJO: *Para limpiar los puerros, córtales la parte más verde y las raíces. Practícales una incisión transversal desde un centímetro de la base hasta la parte más verde. Límpialos debajo del grifo.*

CREMA DE LENTEJAS
CON CRUJIENTE DE JAMÓN

👤 4

180 g de lentejas secas

1 patata mediana

3 puerros

1 zanahoria

4 lonchas de jamón ibérico

aceite de oliva

sal

1. En primer lugar, elabora un sofrito: limpia y corta los puerros en medias lunas. En una olla, calienta dos cucharadas de aceite de oliva y rehoga los puerros con un poco de sal. Mientras, pela y pica la zanahoria, y agrégala a la olla. Cuécelo a fuego lento hasta que el puerro empiece a dorarse.

2. Incorpora las lentejas y la patata, pelada y cortada en dados. Agrega un litro de agua y un poco de sal. Cuécelo todo a fuego lento durante 45 minutos.

3. Comprueba que las lentejas estén tiernas, apaga el fuego y deja que se enfríen antes de triturarlas.

4. Para preparar el jamón, calienta una plancha o una sartén y tuéstalo por ambas caras, a fuego vivo. Monta el plato con la crema caliente y dispón el jamón, troceado, por encima.

CREMA DE LENTEJAS Y PAVO

👤 4

180 g de lentejas cocidas

1 pechuga de pavo

2 cucharadas de aceite de oliva

1 l de caldo de pollo

200 ml de nata líquida

pimienta

sal

Este tipo de plato es ideal para aprovechar restos, por ejemplo, de lentejas que han sobrado de una ensalada. Si no dispones de lentejas cocidas, hiérvelas en una olla durante 45 minutos.

1. En una cacerola, calienta dos cucharadas de aceite y saltea la pechuga de pavo, previamente fileteadas y salpimentadas. Cuando estén doradas, agrega la nata líquida y las lentejas.

2. Deja que se cueza un poco todo antes de verter el caldo, poco a poco. Cocínalo 10 minutos más a fuego lento. Déjalo enfriar, tritúralo todo junto y ya tienes la crema.

CREMA DE LENTEJAS CON CRUJIENTE DE JAMÓN

CREMA DE LENTEJAS ROJAS Y CALABAZA

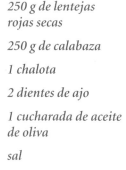

4

250 g de lentejas rojas secas

250 g de calabaza

1 chalota

2 dientes de ajo

1 cucharada de aceite de oliva

sal

1. Pela y pica la chalota y los ajos. Pon al fuego una cazuela con una cucharada de aceite y, cuando esté caliente, rehoga la chalota y los ajos con un poco de sal. Si lo prefieres, puedes sustituir la chalota por puerros.

2. Mientras, pela la calabaza con la ayuda de un pelador de patatas y córtala a dados. Cuando la chalota esté dorada, agrega la calabaza y las lentejas a la cazuela. Cúbrela con un litro y medio de agua y deja el fuego alto hasta que hierva. No la tapes.

3. Cuando rompa a hervir, baja el fuego y cuécelo todo a fuego lento unos 20 minutos. No debería quedarse sin líquido durante la cocción, ya que se necesita para poder triturar la crema. Y si hay un exceso de líquido, hiérvelo unos minutos más. Comprueba que las lentejas estén hechas antes de retirarlo del fuego.

4. Deja que se enfríe antes de triturarlo. Puedes usar el brazo de la batidora directamente dentro de la cazuela. Bátelo bien y sirve la crema caliente.

CREMA PICANTE DE LENTEJAS

150 g de lentejas
pardinas secas

1 cebolla

1 lata pequeña de tomate
natural triturado (200 g)

1 patata mediana

2 cucharadas de aceite
de oliva

2 cucharadas de coco
deshidratado

1 cucharada
de cilantro fresco

1 cucharadita de
jengibre fresco rallado

½ cucharadita
de cúrcuma

½ cucharadita
de comino

1 guindilla

sal

1. En una olla, cubre las lentejas con un litro de agua fría y hiérvelas, a fuego bajo, durante 45 minutos desde el momento en que el agua rompa a hervir. Si ves que el agua se consume muy rápido, agrégale un poco más.

2. Mientras tanto, en una cazuela, fríe la cebolla, pelada y picada fina, durante 5 minutos. Agrégale el jengibre rallado. A continuación, incorpora el tomate triturado y la patata, previamente pelada y cortada a dados, y sofríelo todo durante 5 minutos más.

3. Transcurrido ese tiempo, incorpora la guindilla, el coco, la sal y todas las especias menos el cilantro. Remueve y déjalo otros 5 minutos más.

4. Seguidamente, agrega a la cazuela las lentejas con el líquido de cocción y déjalo 5 minutos desde el momento en que rompa a hervir.

5. Transcurrido ese tiempo, pásalo todo por la batidora eléctrica hasta que obtengas una crema. Sírvela con el cilantro picado por encima.

CRÊPES DE HARINA DE LENTEJA CON PISTO

200 g de harina de
lentejas verdes

100 ml de leche

2 huevos

2 cucharadas
de mantequilla

aceite de oliva

sal

Para el pisto:

1 cebolla

1 tomate de ensalada

½ calabacín

½ berenjena

½ pimiento rojo

1 pimiento verde

aceite de oliva

sal

1. **Elaboración del pisto:** limpia y corta todos los ingredientes a dados pequeños. Pon dos cucharadas de aceite en una cazuela, todos los ingredientes en frío, un poco de sal, y cuécelo lentamente, cuanto más rato mejor, en el propio jugo que van soltando. Tienen que quedar blandos y casi deshechos. Lo ideal es usar una cazuela pequeña de barro.

2. Si no tienes harina de lentejas, puedes hacerla en casa triturando lentejas secas, sin remojo, en un robot de cocina potente. Cuando estén pulverizadas, pasa la harina por un cedazo o un colador chino para eliminar los restos más grandes.

3. Bate los huevos y mézclalos con la leche, una cucharadita de sal, harina de lentejas y la mantequilla derretida. Bate la preparación hasta obtener una crema fina.

4. Dispón un poco de aceite en una sartén grande, y extiéndela por el fondo. Con un cucharón de cocina, echa un poco de la preparación en la sartén y muévela para que cubra todo el fondo. En cuanto empiecen a soltarse los extremos, dale la vuelta con la ayuda de una espátula y cuécela unos segundos por el otro lado. Tienen que quedar *crêpes* muy finas.

5. Calienta el pisto y rellena las *crêpes*. Sírvelas enrolladas o dobladas por la mitad.

CURRY DE LENTEJAS ROJAS Y GUISANTES

👤 4

180 g de lentejas rojas secas

100 g de guisantes frescos

2 dientes de ajo

1 cebolla grande

1 tomate

1 pimiento verde

1 cucharadita de curry

1 cucharadita de sésamo

1 cucharadita de comino

1 cucharadita de canela

1 cucharadita de jengibre fresco

aceite de oliva

sal

1. Lava bien las lentejas. Ponlas en una cazuela y cúbrelas con agua fría. Cuando rompa a hervir, baja el fuego y déjalo bajo. Transcurridos 10 minutos, agrega los guisantes. Hiérvelo todo hasta que esté tierno, unos 10 minutos más. Escúrrelo y resérvalo (guarda el caldo de cocción).

2. Pica finamente la cebolla, el pimiento, el tomate y los ajos. Calienta dos cucharadas de aceite en una sartén y rehoga la cebolla. Transcurridos 2 minutos, agrega las especias, el sésamo y un poco de sal, y no dejes de removerlo con una cuchara de palo para que no se queme. Sofríelo todo a fuego lento.

3. Cuando la cebolla empiece a estar transparente, incorpora el ajo picado y una cucharada de jengibre rallado. Sofríelo todo 5 minutos más. Después de este tiempo, agrega el pimiento y el tomate. Cuécelo a fuego lento hasta que el pimiento esté blando.

4. Para terminar, incorpora las lentejas y los guisantes, y media taza del caldo de cocción. Cuécelo a fuego lento 5 minutos más y sírvelo caliente.

ENSALADA DE LENTEJAS CON ESPINACAS

ENSALADA DE LENTEJAS CON BACALAO

👤 4

200 g de lentejas pardinas secas

300 g de bacalao desalado

2 cebollas tiernas

2 tomates de ensalada

1 zanahoria

3 cucharadas de aceite de oliva

1 cucharada de vinagre de jerez

pimienta

sal

1. Deja las lentejas toda la noche en remojo. Al día siguiente, cuélalas y hiérvelas en una olla con un litro de agua, a fuego lento, durante 30 minutos. Comprueba que estén cocidas antes de escurrirlas.

2. Mientras tanto, corta las cebollas en juliana y el tomate a dados, y ralla la zanahoria con la parte más fina del rallador. Desmiga el bacalao.

3. Junta todos los ingredientes en una ensaladera, alíñalos con el aceite, el vinagre de jerez, y salpimiéntalos. Mézclalos bien para se empapen con el aliño. Déjala reposar 1 hora en la nevera y sírvela fría.

ENSALADA DE LENTEJAS CON ESPINACAS

👤 4

200 g de lentejas rojas cocidas

125 g de brotes tiernos de espinacas

1 lata de atún en aceite de oliva (80 g)

4 a 6 tomates cherry

3 cucharadas de aceite de oliva

1 cucharada de vinagre de jerez

pimienta

sal

1. Si no tienes lentejas cocidas, hiérvelas en agua abundante, y a fuego lento, durante 20 minutos, o hasta que queden tiernas.

2. Limpia y escurre los brotes de espinacas. Disponlos en un bol junto con el atún, con un poco de aceite de la lata. Agrega las lentejas y los tomates cherry, partidos por la mitad.

3. Alíñala con sal, una pizca de pimienta, aceite y vinagre de jerez, y mezcla bien los ingredientes para que todos se empapen del aliño. Debes hacerlo justo antes de servirla para que las espinacas no pierdan turgencia.

ENSALADA DE LENTEJAS CON JAMÓN IBÉRICO

4

150 g de lentejas negras secas

150 g de jamón ibérico

80 g de espinacas tiernas

80 g de canónigos tiernos

1 cebolla tierna

1 tomate de ensalada

50 ml de aceite de oliva

vinagre de Módena

sal

1. Limpia las lentejas debajo del grifo hasta que el agua salga limpia. Llena una olla con agua fría y ponlas al fuego. Cuando rompa a hervir, baja el fuego y cuécelas a fuego lento durante 25 minutos.

2. **Prepara la vinagreta:** corta la cebolla y el tomate, sin semillas, en *brunoise*, es decir, a daditos muy pequeños. En un bol, dispón los 50 ml de aceite y agrega el tomate y la cebolla con un poco de sal. Remueve y déjala reposar media hora.

3. Cuando las lentejas estén cocidas, cuélalas y déjalas enfriar un poco. Prepara la ensalada poniendo una base de espinacas y de canónigos. Sobre las hojas verdes, únicamente en el centro, dispón las lentejas. Alrededor de ellas, vierte la vinagreta con el tomate y la cebolla. Aprovecha el aceite que sobre para aliñar la ensalada.

4. Por último, sobre las lentejas coloca el jamón ibérico, que quedará más sabroso si las lentejas están tibias. Decórala con un hilo de vinagre de Módena y ya la puedes servir.

¿SABÍAS QUE...?

La vitamina C favorece la absorción del hierro de las lentejas. Por eso, una ensalada de lentejas con tomate proporcionará más cantidad de hierro al organismo.

ENSALADA DE LENTEJAS NEGRAS CON MANZANA

👤 4

200 g de lentejas negras secas

1 hoja de laurel

1 manzana tipo reineta

1 pimiento verde

1 tomate

2 cucharadas de nueces

3 cucharadas de aceite de oliva

1 cucharada de vinagre de manzana

1 cucharadita de cilantro fresco

pimienta

sal

1. Dispón las lentejas en una olla, cúbrelas con un litro de agua fría y llévalas a ebullición junto con la hoja de laurel y un poco de sal. Transcurridos 25 minutos desde que rompa a hervir, comprueba que estén cocidas, cuélalas y resérvalas.

2. Mientras las lentejas se cuecen, pela la manzana y córtala a láminas finas. Lava el pimiento y córtalo a tiras finas. Lava y corta el tomate a dados pequeños; el corazón y las semillas no se aprovechan.

3. Disponlo todo menos las lentejas en un cuenco y agrégale el aceite, las nueces, una pizca de sal, la pimienta y el vinagre de manzana. Déjalo macerar.

4. Para servirla en platos, dispón las lentejas primero y, encima, la hortalizas aliñadas. Termina los platos con un poco de cilantro picado.

ENSALADA DE LENTEJAS NEGRAS CON QUESO FRESCO

150 g de lentejas negras secas

1 lata pequeña de maíz dulce (150 g)

1 tomate

100 g de queso fresco tipo de Burgos

1 cucharada de pasas de Corinto

3 o 4 hojas de albahaca

3 cucharadas de aceite de oliva

2 cucharadas de vinagre de Módena

pimienta y sal

1. Dispón las lentejas en una olla, cúbrelas con agua fría (que quede justo por encima), agrega un poco de sal y llévalas a ebullición. Cuenta 20 minutos de cocción a fuego bajo desde el momento en que rompa a hervir. Después, comprueba que estén cocidas, cuélalas y resérvalas.

2. En un cuenco, mezcla el aceite con el vinagre y agrega las hojas de albahaca, las pasas de Corinto, el maíz, previamente escurrido, una pizca de pimienta y otra de sal, y el tomate cortado a daditos. Déjalo macerar mientras se cuecen las lentejas.

3. Corta el queso fresco a daditos y, cuando las lentejas estén frías, incorpóralo. En el momento de servir, agrega los ingredientes del cuenco, mézclalo todo y a la mesa.

ENSALADA DE PATATAS Y LENTEJAS

4

200 g de lentejas negras secas

2 patatas

2 huevos

1 hoja de laurel

sal

Para la vinagreta:

2 tomates de ensalada

1 cebolla tierna

aceite de oliva

vinagre de jerez

sal

1. Hierve las lentejas en una olla con la hoja de laurel, una cucharada pequeña de sal y un litro de agua (fría). Cuando el agua rompa a hervir, baja el fuego y cuécelas lentamente durante 20 minutos. Comprueba que estén cocidas, cuélalas y resérvalas.

2. Lava las patatas y hiérvelas con piel y una pizca de sal durante 20 minutos, a fuego medio. Cuando estén hechas (blandas pero que no se rompan), cuélalas y enfríalas bajo el grifo. Aprovecha para pelarlas y cortarlas a rodajas de un centímetro aproximadamente.

3. Pon los huevos en un cazo con agua y una pizca de sal al fuego. Cuando el agua rompa a hervir, cuécelos durante 10 minutos. Después de este tiempo, enfríalos y pélalos.

4. **Elaboración de la vinagreta:** pica la cebolla y el tomate, y disponlos en un bol. Agrégales una pizca de sal, un chorro de aceite y vinagre al gusto. Mezcla los ingredientes y déjalo reposar media hora.

5. Sirve esta ensalada en platos individuales: en la base, pon unas rodajas de patata y rocíalas con dos cucharadas de la vinagreta de cebolla y tomate. Encima, coloca las lentejas y, para terminar, decóralo todo con huevo duro picado.

CONSEJO: *Para que los huevos no se abran al cocerlos, sácalos un rato antes de la nevera y ponlos a cocer en agua fría. Si los metes fríos de la nevera en agua hirviendo se romperá la cáscara.*

FUSILLI CON LENTEJAS

160 g de lentejas secas

160 g de fusilli

1 cebolla

1 lata de tomate natural triturado (400 g)

1 puerro

1 diente de ajo

1 hoja de laurel

aceite de oliva

pimienta

sal

1. Deja las lentejas en remojo la noche anterior. El día siguiente, enjuaga las lentejas, escúrrelas y disponlas en una olla con una cucharadita de sal. Cúbrelas con un litro y medio de agua fría. Agrega la cebolla, pelada y cortada a plumas, el puerro, pelado y cortado a medias lunas, el ajo, pelado, y la hoja de laurel. Cuando rompa a hervir, cuenta 35 minutos de cocción a fuego lento. No tapes la olla.

2. Cuando falten entre 8 y 10 minutos para terminar la cocción, agrega los *fusilli* (fíjate en los minutos de cocción que indica el fabricante). Debes comprobar que queda suficiente líquido; si no es así, agrega un poco más de agua.

3. Incorpora el tomate triturado los últimos 5 minutos de cocción, cuando ya se haya consumido prácticamente todo el líquido. Rectifícalo de sal y agrega pimienta al gusto.

4. Sírvelos calientes, con un chorrito de aceite por encima.

FUSILLI CON LENTEJAS

GUISO DE LENTEJAS Y SALCHICHAS

4

200 g de lentejas castellanas secas

1 l de caldo de pollo

1 hoja de laurel

½ kg de patatas

4 salchichas al gusto

1 cebolla grande

1 lata de tomate natural triturado (400 g)

3 cucharadas de leche

2 cucharadas de perejil fresco

pimienta

sal

1. Lava las lentejas y pásalas a una olla con 700 ml de caldo frío y el laurel. Cuando rompa a hervir, baja el fuego, tápalo y cuécelo 1 hora.

2. Mientras, limpia las patatas y hiérvelas, sin pelar, en una olla con agua y sal. Transcurridos 15 minutos, comprueba que estén cocidas pinchándolas con un palito de broqueta. Escúrrelas y déjalas enfriar.

3. Pincha las salchichas con un tenedor. A continuación, pela y pica la cebolla y fríela en una sartén junto con las salchichas, a fuego vivo, durante 2 minutos. Después, vierte la lata de tomate, baja el fuego y déjalo unos 10 minutos más (en función del grosor de las salchichas).

4. Corta las salchichas a rodajas gruesas y, cuando falten 10 minutos para terminar la cocción de las lentejas, agrégalas a la olla junto con el sofrito de tomate y cebolla. Si las lentejas han absorbido todo el líquido, agrégales el resto del caldo. Tápalo y cuécelo todo junto 10 minutos más.

5. Mientras, pela las patatas y cháfalas en un plato con la leche. Salpimiéntalas.

6. Para terminar, coloca primero el puré de patata en los platos y, encima, el guiso de lentejas. Espolvorea perejil picado por encima y sírvelo caliente.

GUISO PICANTE DE LENTEJAS (ESTILO HINDÚ)

👤 4

200 g de lentejas rojas

2 patatas medianas

1 lata de tomate natural triturado (400 g)

1 cebolla

1 pimiento rojo

1 guindilla

2 dientes de ajo

2 cucharadas de aceite de oliva

1 cucharadita de cúrcuma

1 cucharadita de curry

sal

Para la salsa:

2 zanahorias

1 chile verde

1 limón

1 cucharada de cilantro fresco

1. Calienta el aceite en una olla. Agrega la cebolla y el ajo pelados y picados, y rehógalos durante 5 minutos. Transcurrido este tiempo, incorpora el curry, la cúrcuma y la guindilla, remueve y déjalo todo, a fuego bajo, 2 minutos más.

2. Seguidamente, agrega las lentejas y un litro de agua fría. Hiérvelas, con la olla tapada, durante 10 minutos (cuenta el tiempo a partir del momento en que rompa a hervir).

3. Mientras tanto, pela las patatas y córtalas a dados pequeños. Agrégalas a la olla transcurridos los 10 minutos indicados. Hiérvelo todo, a fuego bajo, 10 minutos más.

4. Después, limpia y corta el pimiento y agrégalo junto al tomate triturado. Cuécelo todo a fuego lento otros 5 minutos. Controla que el agua se vaya consumiendo, pero si ves que se queda sin líquido antes de tiempo, agrega un poco de agua.

5. **Elaboración de la salsa:** ralla las zanahorias y mézclalas con el chile, cortado fino, el cilantro, picado, y el zumo del limón. Reserva la salsa en un cuenco.

6. Sirve las lentejas calientes, con la salsa aparte.

HAMBURGUESAS DE LENTEJAS CON SÉSAMO

200 g de lentejas pardinas secas

100 g de harina de lentejas (o de trigo)

2 cucharadas de sésamo

1 cebolla

2 dientes de ajo

5 cucharadas de aceite de oliva

2 cucharadas de nueces molidas

½ cucharadita de pimienta blanca

sal

1. Deja las lentejas en un bol con agua la noche anterior. Llena una olla con agua fría, agrega las lentejas y una cucharadita de sal, y ponlas al fuego hasta que hierva. Cuando rompa a hervir, baja el fuego y déjalas durante 25 minutos. Cuélalas y resérvalas.

2. Pela y pica por separado los dos dientes de ajo y la cebolla. Calienta en una sartén dos cucharadas de aceite y agrega los ajos picados antes de que esté demasiado caliente. Incorpora las dos cucharadas de semillas de sésamo y remueve para que se tuesten sin que se quemen los ajos. Unos minutos más tarde, agrega la cebolla y una pizca de sal. Sofríelo todo a fuego bajo durante 10 minutos. Debes remover la mezcla de vez en cuando.

3. Mientras tanto, dispón las lentejas en un bol y cháfalas con la ayuda de un tenedor. Agrégales una pizca de pimienta blanca, el sofrito anterior y mezcla todos los ingredientes a la vez que vas chafando las lentejas. Por último, agrega las nueces molidas (también pueden ser avellanas o almendras) y mézclalo todo bien para formar una masa.

4. Dispón la harina en un plato. Coge una cucharada grande de masa y, con las manos, haz una bola y aplástala. Forma así las hamburguesas. Seguidamente, pásalas por harina para freírlas sin que se peguen. Calienta tres cucharadas de aceite en una sartén y fríelas hasta que la harina se tueste. Y ya están listas para servir.

LENTEJAS AL LIMÓN CON GUINDILLA

👤 4

250 g de lentejas secas

2 cebollas tiernas

2 limones

1 patata grande

3 dientes de ajo

1 guindilla

1 cucharadita de comino

2 cucharadas de aceite de oliva

1 cucharada de perejil

pimienta

sal

1. La noche anterior, deja las lentejas en remojo. Después, cuélalas y resérvalas.

2. Fríe los dientes de ajo pelados en una olla con las dos cucharadas de aceite hasta que estén tostados; después, retíralos y agrega la cebolla, previamente picada. Baja el fuego y rehógala hasta que esté transparente.

3. Seguidamente, agrega las lentejas, el comino, la guindilla y dos litros de agua, y sube el fuego hasta que rompa a hervir. Mientras tanto, pela la patata y córtala a trozos medianos.

4. Cuando el agua de la olla rompa a hervir, incorpora las patatas, salpimienta y baja el fuego. Cuécelo, tapado, durante 30 minutos, removiendo de vez en cuando.

5. Mientras, corta un limón a rodajas finas y exprime el otro. Agrega el zumo de limón a la olla y coloca las rodajas del otro limón por encima, cuando el líquido se haya consumido prácticamente todo.

6. Apaga el fuego y déjalo reposar, tapado, 2 minutos. Sírvelas calientes, espolvoreadas con el perejil picado.

LENTEJAS CON CHIPIRONES

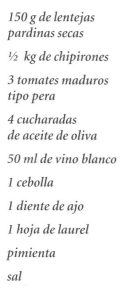

*150 g de lentejas
pardinas secas*

½ kg de chipirones

*3 tomates maduros
tipo pera*

*4 cucharadas
de aceite de oliva*

50 ml de vino blanco

1 cebolla

1 diente de ajo

1 hoja de laurel

pimienta

sal

1. Deja las lentejas en remojo 4 horas. Después, escúrrelas, ponlas en una olla, cúbrelas con medio litro de agua fría y agrega el laurel y la sal. Llévalas a ebullición y cuenta unos 40 minutos, a fuego bajo, desde el momento en que rompa a hervir el agua. Comprueba que están cocidas, rectifica de sal si es necesario y cuélalas.

2. Mientras se cuecen las lentejas, fríe el ajo pelado en una sartén con el aceite y retíralo cuando esté tostado. En ese mismo aceite, saltea los chipirones a fuego vivo durante unos minutos (hasta que adquieran color). Después, baja el fuego, agrega el vino blanco y déjalo 10 minutos más.

3. Aparte, en una cazuela grande, rehoga la cebolla picada y agrégale el tomate (previamente rallado y sin piel) transcurridos 5 minutos. Salpimienta este sofrito.

4. Cuando el tomate lleve 10 minutos sofriéndose, incorpora las lentejas y los chipirones, y apaga el fuego. Remueve y déjalo reposar 5 minutos. Sírvelo caliente.

LENTEJAS CON HUEVOS ESCALFADOS Y BEICON CRUJIENTE

♟ 4 ━━━●━━━ ●━

250 g de lentejas pardinas secas

4 huevos

8 lonchas de beicon

50 ml de vinagre de manzana

sal

1. Hierve las lentejas en agua fría con un poco de sal durante 1 hora, a fuego lento.

2. En una sartén sin aceite, dispón el beicon para que se tueste a fuego vivo (soltará grasa y será suficiente para que no se pegue). Tápalo para que no salpique. Después, trocéalo.

3. Casca cada huevo en un bol de cristal pequeño (son ideales los botes de yogur de cristal) y déjalos a temperatura ambiente un rato. Mientras tanto, en un cazo, pon medio litro de agua y el vinagre de manzana, y llévalo a ebullición. Cuando el agua rompa a hervir, apaga el fuego. Sumerge con cuidado cada bol con el huevo, sin que les entre agua, como si fueras a hacer un baño María. Transcurridos unos segundos, extráelos y gíralos para que el huevo caiga dentro del agua. El vinagre evita que la clara se extienda. Tapa y deja los huevos 4 minutos en el agua.

4. Sirve las lentejas en un plato con un chorro de aceite. Sobre ellas, dispón los huevos escalfados y el beicon crujiente.

CONSEJO: *Si no consigues hacer los huevos escalfados, puedes probar a cocinarlos con papel film: forra el interior de una tacita de café con film; rompe el huevo dentro del film y ciérralo como si fuera una bolsita (átalo con un elástico de modo que el huevo quede bien prieto). Cuando el agua rompa a hervir, apaga el fuego y mete las bolsitas de film en el agua durante 3 o 4 minutos.*

LENTEJAS CON LANGOSTA

👤 4

250 g de lentejas negras secas

1 langosta

1 cebolla grande

½ copa de brandy

1 cucharadita de curry

2 cucharadas de aceite de oliva

tomillo fresco

azafrán

sal

1. Trocea la langosta, sin pelarla. Pon dos cucharadas de aceite a calentar en una cazuela grande o una olla y saltéala durante unos minutos, a fuego medio. Retírala y resérvala.

2. Pela y pica la cebolla y fríela en la misma cazuela, a fuego medio, hasta que adquiera color. A continuación, vierte el brandy, agrega el azafrán, baja el fuego y deja que reduzca. Agrega el curry, remueve, e incorpora las lentejas. Cúbrelas con un litro y medio de agua y cuécelas durante 20 minutos. Antes de apagar el fuego, comprueba que estén hechas. Rectifica de sal.

3. Mientras tanto, pela la langosta. Transcurridos los 20 minutos, incorpora la carne de langosta a la cazuela. Déjalo 10 minutos más y sírvelo caliente, con un poco de tomillo fresco.

LENTEJAS CON MANZANA

👤 2

140 g de lentejas negras secas

1 cebolla

1 manzana tipo reineta

2 cucharadas de azúcar moreno

2 cucharadas de vinagre de manzana

1 cucharadita de pimentón dulce

1 cucharadita de nuez moscada

2 cucharadas de aceite de oliva

sal

1. Pela y corta la cebolla a plumas y rehógala en una sartén con aceite, a fuego bajo, durante 5 minutos. Mientras tanto, pela la manzana, desecha el corazón y las semillas, y córtala a daditos. Transcurridos los 5 minutos, agrega la manzana a la sartén y remueve.

2. Cuando la cebolla y la manzana estén blandas, agrega el vinagre y el azúcar, y caramelízalo a fuego bajo durante 10 minutos; debes ir removiéndolo con frecuencia (utiliza una cuchara de madera).

3. Seguidamente, agrega las lentejas y remuévelo todo. Incorpora también la sal y las especias, y déjalo 2 minutos más.

4. Cúbrelo con un litro de agua fría y llévalo a ebullición. Cuenta 20 minutos de cocción, a fuego bajo, desde el momento en que rompa a hervir. Prueba las lentejas y rectifica de sal si es necesario; y si prefieres un sabor más fuerte, agrégales más cantidad de especias. Sírvelo caliente.

LENTEJAS CON SALMÓN

4

1 bote de lentejas
cocidas (400 g)

300 g de lomo de salmón

500 ml de caldo
de pescado

1 cebolla

2 dientes de ajo

100 ml de tomate
triturado

1 hoja de laurel

2 cucharadas
de aceite de oliva

½ cucharadita
de romero

sal

Para el picadillo:

1 diente de ajo

1 cucharada de perejil
picado

1 cucharada de avellanas
o almendras

hebras de azafrán

3 cucharadas
de aceite de oliva

sal

1. Prepara un sofrito: fríe los ajos pelados en una cazuela grande con el aceite, retíralos y, a continuación, fríe la cebolla, pelada y picada fina. Cuando adquiera color, agrega el tomate, el laurel, el romero y un poco de sal, y baja el fuego. Remueve de vez en cuando.

2. Transcurridos 10 minutos, agrega el caldo de pescado a la cazuela del sofrito y sube el fuego. Mientras tanto, haz el picadillo.

3. Elaboración del picadillo: en un mortero, tritura todos los ingredientes indicados.

4. Limpia el salmón y retírale, si tiene, la piel y las espinas. Córtalo a dados grandes, de unos dos centímetros de lado. Resérvalo.

5. Enjuaga las lentejas, escúrrelas e incorpóralas a la cazuela. Cuécelo 10 minutos desde el momento en que rompa a hervir, a fuego bajo. A continuación, incorpora el salmón y una pizca de sal y remuévelo con cuidado para no romper el pescado. Después de 2 minutos, apaga el fuego. Sirve el plato con el picadillo y un poco de perejil picado por encima.

LENTEJAS CON SOFRITO DE CALABACÍN Y PUERRO

4

250 g de lentejas reina secas

½ lata de tomate natural triturado (200 g)

1 puerro

1 calabacín

1 cebolla

2 dientes de ajo

4 cucharadas de aceite de oliva

pimentón dulce

pimienta

sal

1. Pon las lentejas en una olla, cúbrelas con dos litros de agua fría y llévalas a ebullición. Cuenta 1 hora de cocción, a fuego medio/bajo, desde el momento en que rompa a hervir.

2. Mientras, elabora el sofrito: pela y pica la cebolla, corta el calabacín a dados pequeños, y el puerro, a rodajas finas. Calienta el aceite en una sartén, pela los ajos y tuéstalos. Cuando estén de color marrón, retíralos y agrega la cebolla y el puerro. Déjalos sofreír a fuego medio y remuévelos con frecuencia.

3. Transcurridos 5 minutos, agrega el calabacín y déjalo 5 minutos más. Por último, incorpora el tomate, una pizca de sal, el pimentón dulce y la pimienta, y déjalo otros 10 minutos.

4. Cuela las lentejas y pásalas a la sartén con el sofrito. Agrega también medio vasito del líquido de cocción.

5. Cuécelo en la sartén, tapada, otros 5 minutos. Rectifica de sal y sírvelo caliente.

LENTEJAS CON VERDURAS AL CURRY

4

250 g de lentejas secas

1 patata

1 zanahoria

½ berenjena

1 puerro

1 diente de ajo

1 hoja de laurel

1 cucharadita de curry

4 cucharadas
de aceite de oliva

pimienta

sal

1. La noche anterior, deja las lentejas en remojo. Después, cuélalas y escúrrelas.

2. Pela y corta todas las verduras. En una cazuela con aceite, fríe el ajo hasta que esté tostado y retíralo. En el mismo aceite, a fuego medio, saltea todas las verduras durante 10 minutos. Remueve para que se hagan de forma uniforme. Agrégales la sal, la pimienta y el curry.

3. A continuación, incorpora las lentejas a la cazuela. Remueve un poco y agrega un litro y medio de agua fría y la hoja de laurel.

4. Baja el fuego y cuécelas durante 30 minutos a fuego bajo. A mitad de la cocción, pruébalas de sal y de curry, y agrega un poco de agua si ves que se consume demasiado rápido. Sírvelas calientes.

LENTEJAS PICANTES DE ETIOPÍA

4

300 g de lentejas rojas

2 cebollas

1 lata de tomate natural triturado (400 g)

1 pimiento tipo jalapeño

3 cucharadas
de aceite de oliva

1 diente de ajo

1 cucharadita de jengibre fresco

½ cucharadita de cúrcuma

pimienta

sal

1. Fríe el ajo pelado en una cazuela con el aceite, a fuego medio. Cuando esté tostado, retíralo y, en ese mismo aceite, rehoga la cebolla, previamente pelada y picada, a fuego bajo. Agrégale la cúrcuma y remueve.

2. Unos minutos después, agrega el tomate, el jalapeño picado, el jengibre rallado, la sal y la pimienta, y baja el fuego. Déjalo sofreír todo unos 10 minutos más. Debes ir removiéndolo de vez en cuando con una cuchara de madera.

3. Agrega las lentejas y un litro de agua fría. Cuando hierva, cuenta 15 minutos de cocción. Antes de retirarlas del fuego, comprueba que las lentejas estén cocidas y rectifica de sal. Sírvelas calientes.

LENTEJAS ESTOFADAS CON ARROZ

👤 4

200 g de lentejas
pardinas secas

200 g de arroz

1 cebolla grande

1 diente de ajo

2 tomates maduros

1 pimiento verde

2 zanahorias

3 patatas medianas

1 hoja de laurel

1 cucharadita de
cúrcuma

4 cucharadas
de aceite de oliva

sal

1. Deja las lentejas en remojo durante 2 horas. Después, escúrrelas.

2. Pela y pica finamente la cebolla y el ajo. Calienta el aceite en una cazuela grande y agrega la cebolla, el ajo y un poco de sal. Sofríelo todo a fuego medio hasta que la cebolla esté transparente, con cuidado de que el ajo no se queme (si se quema, retíralo).

3. Pela el tomate, quítale las semillas y córtalo a daditos y agrégalo también a la cazuela. Rectifica de sal. Mientras, pica la zanahoria y el pimiento y agrégalos a la cazuela. Déjalo sofreír todo 5 minutos más.

4. Seguidamente, incorpora la cúrcuma y mezcla bien todos los ingredientes. Agrega las lentejas y dos litros de agua fría, un poco de sal y la hoja de laurel. Hiérvelo a fuego bajo.

5. Pela las patatas y córtalas a dados. Transcurridos 25 minutos desde que ha empezado a hervir el agua, agrega las patatas y el arroz a la cazuela. Cuécelo a fuego muy lento durante 20 minutos más. Comprueba que las lentejas estén bien cocidas y sírvelo.

¿SABÍAS QUE...? *El laurel se usa para reducir los gases que provocan las legumbres.*

LENTEJAS Y PATATAS GRATINADAS

140 g de lentejas pardinas secas

1 patata grande

2 tomates tipo pera

1 puerro

1 hoja de laurel

3 cucharadas de pan rallado

2 cucharadas de aceite de oliva

sal

1. Deja las lentejas en remojo durante 4 horas; después, escúrrelas y pásalas a una olla junto con el laurel. Cúbrelas con agua fría y hiérvelas durante 30 minutos. Finalmente, cuélalas.

2. Pela la patata, córtala en cuatro y hiérvela en un cazo con agua y sal. Retírala a los 15 minutos, o cuando esté tierna.

3. Limpia el puerro, córtalo a rodajas finas y pásalo a una sartén grande con una cucharada de aceite y tres de agua. Tápalo y déjalo sudar a fuego lento durante 10 minutos. Mientras tanto, lava los tomates y rállalos. Desecha las pieles.

4. Transcurridos 10 minutos, agrega el tomate a la sartén, remueve, agrega sal y sofríelo 10 minutos más. Después, incorpora las lentejas y dales una vuelta antes de apagar el fuego. Rectifícalo de sal y retira la hoja de laurel.

5. Precalienta el horno a 180 °C.

6. Unta una bandeja de horno con aceite y dispón las lentejas con el sofrito. Para terminar, agrega las patatas cortadas a dados de un centímetro aproximadamente y espolvoréalo con el pan rallado. Introduce la bandeja en el horno y gratina el plato durante 10 minutos o hasta que el pan esté tostado. Sírvelo caliente.

¿SABÍAS QUE...? *El gratinado es una técnica que consiste en exponer la capa externa del alimento a una fuente intensa de calor, generalmente en el horno, para que quede crujiente. Esa capa externa mantiene el aroma y el jugo del interior del plato cocinado.*

MUJADDARA

200 g de lentejas rojas secas

100 g de arroz

2 cebollas

4 cucharadas de aceite de oliva

1 hoja de laurel

1 cucharada de azúcar moreno

1 cucharadita de comino

perejil fresco

sal

1. Pela y pica las cebollas y mézclalas con el azúcar moreno. Calienta el aceite en una cazuela grande y rehógalas, a fuego bajo, durante 15 minutos. Después, sepáralas en dos mitades y retira una mitad de la cazuela. Resérvala.

2. Por separado, enjuaga las lentejas y el arroz. Transfiérelo todo a la cazuela, remuévelo durante 2 minutos con una cuchara de madera y cúbrelo con dos litros de agua fría. Agrega el comino, el laurel y una pizca de sal.

3. Tápalo y cuécelo, a fuego bajo, durante 15 minutos. Comprueba que el agua se vaya consumiendo lentamente.

4. Transcurridos los 15 minutos, verifica que tanto las lentejas como el arroz estén tiernos. Déjalo reposar 5 minutos y sírvelo caliente, con la cebolla caramelizada que habías reservado y un poco de perejil picado por encima.

PASTA DE LENTEJAS Y CASTAÑAS PARA UNTAR

👤 4

150 g de lentejas blancas secas

15 castañas

2 dientes de ajo

2 cucharadas de aceite de oliva

1 cucharadita de nuez moscada en polvo

1 cucharadita de perejil fresco

sal

tostadas para untar

1. Dispón las lentejas en un cazo grande en el fuego y cúbrelas con un litro de agua fría. Agrega sal y, cuando hierva, baja el fuego y cuécelas a fuego bajo durante 40 minutos. Antes de retirarlas del fuego, comprueba que estén muy tiernas. Después, cuélalas y reserva un poco de líquido de la cocción.

2. Precalienta el horno a 200 ºC.

3. Mientras se calienta, haz una incisión en la piel de cada castaña. Ásalas durante 20 minutos (muévelas transcurridos los 10 primeros minutos para que se hagan de forma uniforme). Déjalas enfriar y pélalas.

4. Con la batidora eléctrica, tritura las lentejas y las castañas junto con un poco de líquido de cocción. Incorpora el aceite, la nuez moscada, el perejil y el ajo, y rectifica de sal. Agrega un poco de líquido de cocción si ves que queda demasiado compacto, y bátelo todo hasta obtener un puré denso.

5. Dispón la pasta en un táper o recipiente similar y déjala enfriar. Después, resérvala en la nevera. Sírvela acompañada de tostadas para untar.

PASTA DE LENTEJAS PARA UNTAR

👤 2

150 g de lentejas pardinas secas

1 cebolla

1 diente de ajo

1 zanahoria

1 tomate maduro

aceite de oliva

comino

pimienta

sal

tostadas para untar

1. Dispón las lentejas en una cazuela grande y cúbrelas con agua fría; agrega sal. Llévalas a ebullición y, cuando el agua rompa a hervir, cuenta 1 hora de cocción.

2. Mientras tanto, pela y pica la cebolla y el diente de ajo, y ralla la zanahoria y el tomate (la piel y las pepitas se desechan). En una sartén con dos cucharadas de aceite, sofríelo todo durante unos minutos, empezando por la cebolla. Cuando las lentejas lleven 30 minutos de cocción, agrega el sofrito a la olla junto con el comino y la pimienta.

3. Ve removiendo de vez en cuando y comprobando que tiene suficiente agua (en caso contrario, agrégale más). Transcurrido el tiempo, comprueba que las lentejas estén tiernas y, si aún queda líquido de cocción, cuélalo todo y reserva el líquido.

4. Bate la preparación con la batidora eléctrica y si ves que la crema queda demasiado espesa (debe quedar de textura fina) agrégale líquido. Pruébalo y rectifícalo de sal y de pimienta si es necesario. Finalmente, agrega un chorrito de aceite.

5. Dispón la crema en un táper o recipiente similar y déjala enfriar. Después, resérvala en la nevera. Sírvela acompañada de tostadas para untar.

PASTA DE LENTEJAS PARA UNTAR

POTAJE DE LENTEJAS A LA CASTELLANA

240 g de lentejas secas

100 g de oreja de cerdo

50 g de jamón serrano

50 g de chorizo picante

2 rebanadas de pan duro

1 huevo

1 cebolla

3 dientes de ajo

30 g de manteca de cerdo

1 cucharada de pimentón dulce

1 hoja de laurel

sal

1. Deja las lentejas en remojo la noche antes de cocinar. Después, cuélalas.

2. Calienta agua en una olla y, cuando rompa a hervir, introduce la oreja de cerdo, el chorizo cortado a rodajas, la hoja de laurel y una pizca de sal, y hiérvelo durante 1 hora. Retira la espuma que se forma. Transcurrida la hora, retira la oreja y el chorizo, y conserva el caldo.

3. Pela y corta la cebolla a plumas. Derrite la manteca de cerdo en una cazuela y fríe la cebolla junto con el jamón cortado y los ajos pelados, a fuego medio. Cuando la cebolla esté blanda, retira los ajos, agrega el pimentón y déjala 2 minutos a fuego bajo.

4. Agrega a la olla el caldo de haber hervido la oreja y el chorizo (debe estar frío) y las lentejas escurridas. Cuando rompa a hervir, cuenta 30 minutos de cocción, a fuego bajo.

5. En un cuenco, desmenuza el pan, agrégale un poco de líquido de la olla y el huevo crudo, y remueve con un tenedor. Viértelo en la olla.

6. Por último, agrega la oreja y el chorizo y cuécelo 5 minutos más, todo junto. Rectifícalo de sal y apaga el fuego. Sírvelo caliente, preferiblemente en cuencos de barro.

POTAJE DE LENTEJAS A LA CASTELLANA

POTAJE DE LENTEJAS ROJAS CON HORTALIZAS

100 g de lentejas rojas secas

50 g de calabaza

1 patata

1 chalota

1 cucharadita de jengibre fresco

1 cucharadita de cúrcuma

2 cucharadas de aceite de oliva

2 cucharadas de leche de coco

pimienta

sal

1. Pela y corta las verduras (la chalota, a plumas, y la patata y la calabaza, a dados) y rehógalas en una cazuela grande con el aceite durante 10 minutos.

2. Agrega las lentejas, la cúrcuma, el jengibre rallado, la leche de coco, una pizca de sal y otra de pimienta, y remueve durante 5 minutos.

3. Cúbrelo con un litro de agua fría y llévalo a ebullición. Cuenta 20 minutos de cocción, a fuego medio bajo, desde el momento en que rompa a hervir. No lo tapes para que el agua se vaya evaporando.

4. Finalmente, comprueba que las lentejas estén cocidas, rectifica de sal si es necesario y sírvelo caliente.

PURÉ DE LENTEJAS ROJAS Y LANGOSTINOS

👤 4

200 g de lentejas rojas

150 g de calabaza

1 cebolla

1 zanahoria

2 dientes de ajo

1 guindilla

4 langostinos grandes

1 cucharadita de maicena

50 ml de brandy

6 cucharadas de aceite de oliva

pimienta

sal

1. Pela la calabaza, retírale la parte de las pepitas y córtala a dados medianos. Pela y corta a plumas la cebolla, y la zanahoria, a rodajas.

2. En una cazuela grande con tres cucharadas de aceite, fríe un ajo pelado y retíralo cuando esté tostado. En el mismo aceite, rehoga la calabaza, la cebolla y la zanahoria, a fuego bajo, durante 10 minutos. Salpimienta y remueve.

3. Incorpora las lentejas y cúbrelas con agua fría (que quede un dedo de agua por encima de las lentejas). Cuécelas, a fuego bajo, durante 15 minutos.

4. Mientras tanto, prepara los langostinos: calienta tres cucharadas de aceite en una sartén y fríe el otro diente de ajo pelado. Retíralo cuando esté tostado y saltea los langostinos, a fuego medio, con la guindilla. Incorpora la maicena, baja el fuego y remueve. Agrega el brandy y déjalo evaporar unos minutos. Después, pela los langostinos y reserva, por separado, su carne y el jugo de la cocción.

5. Transcurrido el tiempo indicado, comprueba que las lentejas estén cocidas y rectifica el punto de sal. Lo ideal es que el agua se haya consumido casi toda, para que, cuando las tritures, quede un puré denso. Si no, puedes hacer una crema más líquida, o eliminar un poco del líquido de cocción antes de triturarlo. Agrega el jugo de cocción de los langostinos y tritúralo con la batidora eléctrica.

6. Sirve el puré caliente, decorado con una cola de langostino en cada plato.

REVUELTO DE LENTEJAS CON BEICON

300 g de lentejas cocidas

150 g de beicon

4 huevos

1 cebolla tierna

aceite de oliva

sal

1. Este es un plato ideal para aprovechar unas lentejas cocidas que hayan sobrado de alguna ensalada. Si no las tienes cocidas, prepáralas: lávalas debajo del grifo hasta que el agua salga limpia y ponlas en una olla con agua fría. Cuando hierva, baja el fuego y cuece las lentejas durante 1 hora. Transcurrido el tiempo de cocción, cuélalas y resérvalas.

2. Pela y pica muy fina la cebolla. En un bol, bate los cuatro huevos con una pizca de sal y agrégales la cebolla picada.

3. Corta el beicon a tiras y, en una sartén con una cucharada de aceite bien caliente, tuéstalo. Usa una tapa para evitar que salpique. Remuévelo para que se haga por ambos lados. Incorpora las lentejas y mézclalas con el beicon con una cuchara de madera.

4. Para terminar, agrega a la sartén los huevos batidos con la cebolla. Remueve constantemente con la cuchara de madera para mezclar todos los ingredientes hasta que los huevos estén bien cuajados. Sirve el revuelto caliente.

ROLLITOS CON LENTEJAS Y VERDURAS

👤 4

100 g de lentejas cocidas

½ calabacín

1 cebolla

1 pimiento verde

1 zanahoria

de 10 a 12 hojas de pasta brick *para rollito de primavera*

1 cucharadita de jengibre fresco

1 cucharadita de cilantro

1 diente de ajo

aceite de oliva

pimienta

sal

salsa de soja (opcional)

1. Lava el pimiento y córtalo a tiras finas. Pela la zanahoria y el calabacín y córtalos de la misma manera. Pela la cebolla y córtala a medias lunas finas. Pica el ajo y el cilantro.

2. Saltea todas las verduras, junto con el ajo y el jengibre rallado, en una sartén con dos cucharadas de aceite. Remuévelas con frecuencia durante 5 minutos. Salpiméntala y déjalas enfriar un poco.

3. Enjuaga y escurre las lentejas y mézclalas con las verduras.

4. En un cuenco con agua, sumerge las hojas de pasta *brick*, una a una. Transfiérelas a un plato y distribuye en el centro de cada hoja y a lo largo una cucharada generosa del relleno de verduras. Luego, dobla hacia dentro los dos extremos de pasta *brick*, para que no se escape el relleno, y enrolla la pasta para formar los rollitos.

5. Prepara una sartén con abundante aceite (un dedo como mínimo) y, cuando esté bien caliente, fríe los rollitos a fuego vivo. Déjalos sobre papel absorbente.

6. Sírvelos calientes, acompañados, si quieres, de salsa de soja.

TORTITAS DE LENTEJAS

1 bote de lentejas
cocidas (560 g)

100 g de arroz

2 huevos

1 cebolla tierna

1 zanahoria

2 cucharadas de pan
rallado

3 cucharadas
de semillas de amapola

cilantro

1 cucharada de mostaza
de Dijon

aceite de oliva

sal

1. Hierve el arroz en un cazo con un poco de sal durante 20 minutos, o hasta que quede tierno. Escúrrelo y resérvalo.

2. Pela la cebolla y la zanahoria, y córtalas en *brunoise*, es decir, a daditos muy pequeños. Rehógalas en una sartén con dos cucharadas de aceite, a fuego bajo. Transcurridos 10 minutos, agrega el cilantro picado y cuécelo todo 5 minutos más. Después, apaga el fuego y déjalo enfriar.

3. Mezcla en un recipiente las lentejas y el arroz. Cuando las verduras estén tibias, agrégalas también y remuévelo todo. Bate los huevos y agrégalos a la mezcla. Por último, incorpora el pan rallado y la mostaza, y tritúralo todo con la batidora eléctrica. Debe quedarte una masa densa y compacta.

4. Toma porciones de la mezcla y, con las manos, forma bolitas del tamaño de una nuez.

5. Aplana las bolitas con las manos y rebózalas en un plato con las semillas de amapola. Presiónalas un poco para que se adhieran.

6. Fríe las tortitas en una sartén con un poco de aceite. Déjalas 1 minuto por cada cara y sírvelas calientes.

ENSALADA DE LENTEJAS Y VIEIRAS

4

180 g de lentejas pardinas secas

300 g de vieiras

1 cebolla tierna

1 tomate de ensalada

1 pimiento rojo

50 g de canónigos

50 g de rúcula

aceite de oliva

vinagre de Módena

sal

1. Pon las lentejas en remojo la noche anterior y, después, enjuágalas y cuélalas. En una olla, ponlas al fuego con un litro de agua fría y cuécelas a fuego lento durante 25 minutos. Cuando estén tiernas, escúrrelas y resérvalas.

2. Pela y corta la cebolla, corta el pimiento y el tomate a daditos (es preferible que le quites las pepitas). Mezcla estos ingredientes con las lentejas.

3. Limpia y seca las hojas de canónigo y de rúcula y disponlas en la base de la bandeja donde prepararás la ensalada. Sobre ellas, extiende la preparación de lentejas y hortalizas.

4. Separa la carne de las vieiras de su concha y fríelas en una sartén con dos cucharadas de aceite. Dóralas un poco por cada lado y colócalas sobre la ensalada. Alíñalo todo con aceite, vinagre y sal al gusto.

LENTEJAS MARINERAS CON GAMBAS

2

150 g de lentejas
pardinas secas

500 g de gambas crudas

1 cebolla

1 pimiento verde

1 pimiento rojo

1 diente de ajo

50 ml de brandy

600 ml de caldo de
pescado

aceite de oliva

pimienta

sal

1. La noche anterior, deja las lentejas en remojo. Después, enjuágalas y escúrrelas.

2. Pica la cebolla y sofríela en una cazuela con aceite. Transcurridos unos minutos, agrégale los pimientos, cortados finos, y el ajo, pelado. Salpimienta.

3. Sube el fuego y saltea las gambas en la misma cazuela 2 minutos. Vierte el brandy, baja el fuego y cuécelo todo unos minutos más. Debes ir removiéndolo todo con una cuchara de madera.

4. Seguidamente, agrega las lentejas, cúbrelas con el caldo de pescado frío y cuécelas a fuego medio durante 25 minutos.

5. Apaga el fuego y déjalo reposar todo 10 minutos antes de servir.

LENTEJAS NEGRAS CON CHORIZO

250 g de lentejas negras

1 puerro

1 cebolla

2 dientes de ajo

*1 cucharada
de pan rallado*

*1 cucharadita
de pimentón dulce*

1 chorizo (unos 200 g)

aceite de oliva

pimienta

sal

1. Dispón las lentejas en una olla, cúbrelas con un litro de agua fría y llévalas a ebullición, sin tapar.

2. Mientras el agua se calienta, pela el puerro, córtalo a rodajas; pela también la cebolla y córtala a plumas. Incorpóralos a la olla junto con un diente de ajo pelado. Hiérvelo, a fuego bajo, durante 25 minutos desde que rompa a hervir.

3. Mientras, en una sartén con el aceite, fríe el chorizo, cortado a rodajas, y resérvalo. En el mismo aceite, elabora un sofrito con el otro diente de ajo, el pan rallado, el pimentón, la pimienta y la sal. Cuécelo unos minutos y apaga el fuego.

4. Para terminar, agrega esta preparación a la olla cuando falten 5 minutos para terminar la cocción, y remueve. Comprueba que las lentejas han quedado tiernas y están en su punto de sal. Sírvelo caliente, con las rodajas de chorizo colocadas por encima.

ALUBIAS

La legumbre que vino de América

Las alubias son un alimento con una larga historia. Su origen se localiza en el centro y el sur del continente americano, donde hoy en día sigue siendo la legumbre más consumida. Su gran popularidad en estos países la demuestra la cantidad de nombres que recibe: frijoles, balas, balines, porotos, habichuelas, fréjoles, caraotas… En España se producen muchas variedades y de gran calidad. Aprovechémoslas.

ALUBIAS GUISADAS CON SOFRITO DE CEBOLLA

👤 4

320 g de alubias blancas

2 cebollas

2 dientes de ajo

aceite de oliva

pimienta

sal

1. La noche anterior, deja las alubias en remojo. Después, enjuágalas y escúrrelas.

2. Pela y pica las cebollas y sofríelas en una olla ancha con cuatro cucharadas de aceite. Cuando empiecen a estar transparentes, agrégales los ajos, previamente pelados y laminados, y una pizca de sal. Sigue cociéndolo a fuego lento durante unos minutos.

3. A continuación, incorpora las alubias a la olla. Remueve y agrega medio litro de agua fría. Cuando el agua rompa a hervir, corta la cocción con otro medio litro de agua fría. Cuécelo a fuego muy lento durante 1 hora o 1 hora y media. Cuando falte poco para que termine el tiempo de cocción, salpimienta, comprueba que el agua se va consumiendo y que el guiso va quedando meloso. Si ves que se queda sin agua, agrega un poco más.

4. Finalmente, pruébalas, rectifica de sal si es necesario y apaga el fuego. Deja reposar el guiso cinco minutos antes de servirlo (esto ayuda a que espese).

CONSEJO: *Al dejar las alubias en remojo en agua fría, estas quedan arrugadas, pero durante la cocción se hidratarán, se hincharán y quedarán totalmente lisas.*

ALUBIAS GUISADAS CON SOFRITO DE CEBOLLA

ALUBIAS *DEL GANXET* ESTOFADAS

👤 4

350 g de alubias
del ganxet *secas*

1 morro de cerdo

1 oreja de cerdo

100 g de panceta

½ chorizo

1 butifarra negra

1 cabeza de ajos

1 hoja de laurel

sal

Para el sofrito:

1 cebolla

2 dientes de ajo

aceite de oliva

pimienta

1. Deja las alubias en remojo un mínimo de 8 horas. Después, enjuágalas y escúrrelas.

2. Elaboración del sofrito: pela y pica finamente la cebolla y sofríela en una cazuela de barro con dos cucharadas de aceite. Cuando esté transparente, agrégale los dos dientes de ajo picados y una pizca de pimienta, y sofríelo todo a fuego lento unos minutos, sin que se tuesten ni la cebolla ni el ajo.

3. Corta el morro, la panceta y la oreja de cerdo en trozos y agrégalos al sofrito. Remuévelo durante 2 minutos e incorpora las alubias. Cubre todos los ingredientes con agua fría y deja que hierva.

4. Cuando rompa a hervir, baja el fuego y agrega un poco más de agua fría para cortar la cocción. Repítelo de nuevo y, seguidamente, incorpora la cabeza de ajos, abierta a lo ancho, y el laurel. Cuécelo a fuego lento durante 1 hora. Hacia el final de la cocción, agrega la sal.

5. Transcurrido el tiempo, agrega el chorizo, previamente cortado a rodajas, y la butifarra negra, entera. Cuécelo todo 30 minutos más, prueba las alubias y rectifica de sal si es necesario. Finalmente, apaga el fuego y déjalo reposar tapado con un trapo durante 5 minutos antes de servirlo.

CONSEJO: *El tiempo de cocción depende de las legumbres, del tipo de agua y de lo fuerte que sea el fuego. Controla el punto de cocción a menudo y apaga el fuego cuando veas que puedes aplastar fácilmente las legumbres entre el índice y el pulgar.*

ARROZ CON ALUBIAS Y NABOS

4

200 g de arroz

100 g de alubias

200 g de nabos (nabicol)

1 cebolla

1 patata

1 morcilla de cebolla

1 morro de cerdo

1 oreja de cerdo

200 g de panceta

hebras de azafrán

pimienta

aceite de oliva

sal

1. Deja las alubias en remojo, en agua fría, durante 12 horas. Después, enjuágalas y escúrrelas.

2. Corta toda la carne en trozos regulares; el nabo, a dados, y la cebolla, pícala fina.

3. Calienta en una olla grande tres cucharadas de aceite y sofríe la carne y la cebolla pelada y cortada hasta que empiecen a adquirir color. Seguidamente, agrega las alubias y cúbrelo todo con agua fría. Mantén el fuego medio hasta que hierva. Cuando rompa a hervir, baja el fuego y agrega un poco más de agua fría para cortar el hervor. Cuécelo a fuego muy lento durante 2 horas. Es importante que haya agua abundante durante toda la cocción; así que agrega un poco de vez en cuando.

4. Cuando las alubias empiecen a estar blandas, echa una pizca de sal. Pela la patata, córtala a dados y agrégala a la cazuela. Cuécelo todo 10 minutos. Transcurrido este tiempo, incorpora el arroz, una pizca de pimienta y unas hebras de azafrán. A los 15 minutos, agrega la morcilla; debes vigilar que no se rompa. Déjalo 10 minutos más, sin remover en exceso para que las alubias no se rompan y el arroz suelte almidón. Y ya está listo para servir.

¿SABÍAS QUE...? *Lo que provoca que el arroz se enganche a la cazuela es el almidón. Si no remueves ni la patata ni el arroz, lo soltará y se enganchará menos.*

BACALAO *A LA LLAUNA* CON ALUBIAS DE SANTA PAU

♟ 4

300 g de alubias de
Santa Pau (fesols)

1 cebolla

1 zanahoria

4 lomos de bacalao
fresco

100 g de harina

6 dientes de ajo

1 guindilla

aceite de oliva

sal

1. Deja las alubias en remojo durante 12 horas si son secas. Si las compras frescas, no necesitarán remojo y estarán cocidas en 1 hora más o menos.

2. Pon la cebolla y la zanahoria peladas, y un litro y medio de agua fría en una olla. Agrega las alubias y deja que el agua empiece a hervir. En ese momento, baja el fuego y vierte un poco de agua fría para cortar el hervor. Repite la operación dos veces más durante la cocción y, después, cuécelas a fuego muy lento hasta que estén tiernas. Generalmente, si son secas, necesitarán un par de horas.

3. Prepara el bacalao: enharínalo, sacude el exceso de harina y fríelo durante 2 minutos en una sartén con cuatro cucharadas de aceite; no debe quedar demasiado hecho. Resérvalo.

4. A continuación, en el mismo aceite, fríe la guindilla, cortada en trocitos, y los ajos, laminados. Resérvalo.

5. Prepara una fuente de horno metálica (*de llauna*, en catalán) y dispón el bacalao y las alubias, ya cocidas. Riégalo todo con el aceite con los ajos y las guindillas. Mueve un poco la fuente para que la harina y el gluten de las alubias liguen un poco la salsa.

6. Finalmente, gratínalo en el horno durante 5 minutos y sírvelo caliente.

CONSEJO: *Lo mejor es hervir las alubias sin sal para que queden más suaves. La sal endurece la piel y dificulta la cocción. Por ello, sálalas al final de la cocción, cuando ya están tiernas.*

BOTIFARRA AMB SEQUES (BUTIFARRA CON ALUBIAS)

👤 4

600 g de alubias blancas cocidas

4 butifarras de cerdo

100 g de panceta

2 dientes de ajo

perejil y pimentón (opcional)

aceite de oliva

sal

1. Tradicionalmente, las butifarras de este plato se preparan a la brasa. De manera alternativa, puedes hacerlas en el horno o en una plancha.

2. Si las cocinas al horno, precalienta el horno a 180 ºC y dispón una bandeja con las butifarras regadas con un buen chorro de aceite. No las pinches y cuécelas lentamente. De vez en cuando, dales la vuelta para que se hagan por ambos lados. No subas la temperatura del horno y quedarán más melosas.

3. Si haces las butifarras a la plancha, necesitarás menos tiempo, pero quedarán algo más secas. Cuécelas a la plancha con un poco de aceite, sin pincharlas.

4. Para preparar las alubias, o *seques*, en catalán, pica dos dientes de ajo y corta en tiras la panceta. Saltéalo todo en una sartén sin aceite, ya que la panceta soltará el suyo, y agrega las alubias y una pizca de sal. Sigue salteándolo todo y sírvelo junto a las butifarras. Puedes decorar el plato con un poco de perejil o de pimienta roja dulce.

5. Si no quieres usar panceta, puedes cortar las butifarras en rodajas y freírlas en aceite. Las reservas y en ese mismo aceite fríes los ajos y las alubias. Después, incorporas de nuevo la butifarra y lo sirves.

¿SABÍAS QUE...? *Si pinchas las butifarras perderán líquido y quedarán más secas.*

BACALAO CON SALSA DE FRIJOLES NEGROS

BACALAO CON SALSA DE FRIJOLES NEGROS

4

500 g de bacalao fresco

100 g de frijoles negros

1 cebolla

1 diente de ajo

1 copa de vino blanco seco

aceite de oliva

pimienta

sal

1. La noche anterior, deja los frijoles en remojo. Después, enjuágalos y escúrrelos.

2. Pon al fuego los frijoles en una olla con agua fría. Cuando el agua rompa a hervir, baja el fuego y cuécelos a fuego lento durante 1 hora aproximadamente.

3. Mientras, prepara la salsa: pela y pica la cebolla finamente y sofríela a fuego muy lento en una sartén con dos cucharadas de aceite. Cuando la cebolla esté blanda, agrega el ajo picado y salpimienta a tu gusto.

4. Transcurrido el tiempo de cocción de los frijoles, cuélalos y agrégalos al sofrito (si pasada la hora de cocción están duros, déjalos un rato más). Vierte una copa de vino blanco y deja que reduzca. Resérvalos.

5. Prepara el bacalao al vapor: calienta agua y pon el pescado en la vaporera cuando hierva. Si no dispones de una olla especial o un aparato para cocinar al vapor, puedes usar un colador metálico; solo debes tener en cuenta que el agua no tiene que tocar el pescado. Dependiendo del grosor de los cortes, el tiempo de cocción variará entre 5 y 10 minutos.

6. Para terminar, tritura los frijoles con el sofrito y agrega un poco del agua de cocción del bacalao para que quede menos espeso. Sirve el bacalao acompañado con esta salsa.

CONSEJO: *Si te parece que el sabor de alguna legumbre es demasiado fuerte, puedes suavizarla hirviéndola previamente 5 minutos. Cuélala y remójala en agua fría, y, después, vuelve a empezar la cocción en frío.*

CÓCTEL DE LANGOSTINOS CON JUDÍAS BLANCAS

👤 4

300 g de alubias cocidas

400 g de langostinos cocidos

200 g de espinacas frescas

1 cebolla tierna

2 dientes de ajo

50 ml de aceite de oliva

50 g de germinado de alfalfa

sal

Este plato se sirve en copas de cóctel.

1. Empieza preparando la vinagreta: pica muy fina la cebolla tierna y los dos dientes de ajo. Mézclalos en un bol con el aceite y media cucharadita de sal. Macéralo durante un buen rato en la nevera (media hora por lo menos).

2. Corta en juliana las espinacas, y en rodajas, los langostinos. Deja uno entero para decorar cada copa.

3. Sirve una cucharada de alubias en cada copa; sobre ellas, una capa de espinacas, una cucharada generosa de langostinos y un poco de germinado de alfalfa. Agrega una cucharada de vinagreta y mézclalo bien antes de servir. Decora la copa con un langostino entero.

COLIFLOR CON ALUBIAS

👤 4

1 coliflor

250 g de alubias blancas cocidas

2 dientes de ajo

100 g de piñones

pimienta

aceite de oliva

sal

1. Limpia y trocea la coliflor. Calienta agua en una olla grande y, cuando hierva, incorpora la coliflor y una pizca de sal. Hiérvela hasta que esté tierna, pero no demasiado blanda.

2. Mientras tanto, pon los piñones en remojo durante un rato; de este modo se hidratarán, cundirán más y no se quemarán al saltearlos. Corta el ajo a láminas y saltéalo con una cucharada de aceite en una sartén grande; tienen que caber la coliflor y las alubias. Cuando el ajo empiece a estar dorado, agrega los piñones previamente escurridos y secados con un papel de cocina. Tuéstalos un poco; debes mover constantemente la sartén.

3. Seguidamente, incorpora las alubias y sigue moviendo la sartén para que se mezclen y cojan el sabor del ajo. Agrega una pizca de pimienta y, por último, incorpora la coliflor. Rectifica de sal y sírvelo aliñado con un buen chorro de aceite.

CREMA DE ALCACHOFAS Y JUDÍAS BLANCAS

4

250 g de alubias blancas
300 g de alcachofas
2 dientes de ajo
1 cebolla
1 zanahoria
aceite de oliva
sal y pimienta
pimentón dulce

1. La noche anterior, deja las alubias en remojo en agua fría para poderlas cocinar. Al día siguiente, enjuágalas y escúrrelas.

2. Pela y corta la cebolla y la zanahoria en *brunoise*, es decir, a daditos muy pequeños. Pon al fuego una cazuela y agrega agua fría, la cebolla, la zanahoria y las alubias. Cuécelas a fuego medio y, cuando rompan a hervir, agrega agua fría para cortar la cocción y baja el fuego. Cuécelas a fuego mínimo durante el tiempo necesario para que queden tiernas (alrededor de 1 hora y media). Asegúrate durante toda la cocción de que el agua cubre las alubias; agrega un poquito de agua si es necesario para que no baje el nivel.

3. Mientras, limpia y pela las alcachofas; corta los corazones en cuartos. Pela y lamina los ajos. Pon dos cucharadas de aceite en una sartén y saltea las alcachofas con los ajos.

4. Cuando las alubias estén prácticamente cocidas, agrega las alcachofas salteadas y desecha los ajos para que no den un sabor demasiado fuerte. Transcurrido el tiempo de cocción, transfiere al vaso de la batidora todos los ingredientes juntos, con un poco de sal y pimienta. Agrega un par de cucharadas de aceite de oliva, una pizca de pimentón dulce y tritura.

5. A la hora de servir, dispón la crema en los cuencos o platos de sopa y decóralos con unas gotitas de aceite.

CREMA DE ALUBIAS BLANCAS Y CALABAZA

4

600 gramos de alubias blancas cocidas

400 g de calabaza

1 cebolla

1 tomate

6 dientes de ajo

1 pimiento

1 patata

1 cucharadita de pimentón dulce

1 hoja de laurel

aceite de oliva

sal

1. Lava el pimiento y el tomate, y pela los ajos. Pela el trozo de calabaza, quítale las semillas si las tiene, y trocéala. Pela y parte la cebolla y la patata.

2. Calienta agua en una olla y, cuando rompa a hervir, agrega estos ingredientes, un chorro de aceite, la hoja de laurel, el pimentón y sal. Hiérvelo unos 45 minutos; debes evitar que el agua hierva a borbotones.

3. Mientras tanto, escurre las alubias. Cuando falten 10 minutos para terminar la cocción, agrégalas a la olla.

4. Transcurrido ese tiempo, comprueba que la calabaza se parte con facilidad. Cuélalo, reserva el líquido de cocción y desecha la hoja de laurel y los ajos. Dispón el resto de ingredientes en un recipiente donde puedas triturar, y bátelo todo con la batidora eléctrica. Ve agregando líquido de cocción hasta que obtengas una crema fina y sin grumos. Prueba la crema y rectifica de sal si es necesario antes de servirla.

CROQUETAS
DE JUDÍAS BLANCAS

4

400 g de alubias cocidas

1 zanahoria

1 cebolla

2 dientes de ajo

200 g de champiñones

1 huevo

100 g de pan rallado

aceite de oliva

sal

1. Pela y pica la cebolla y el ajo tan pequeños como puedas. Pica también la zanahoria.

2. Calienta dos cucharadas de aceite de oliva en una sartén y sofríe la cebolla, el ajo y la zanahoria a fuego medio.

3. Mientras, limpia, pela y corta los champiñones en dados pequeños y agrégalos al sofrito de cebolla cuando esta empiece a estar transparente. Cuece los champiñones hasta que pierdan toda el agua. Agrega sal a tu gusto.

4. Seguidamente, pon las alubias cocidas en el vaso de la batidora y tritúralas junto al sofrito que has preparado. Deja enfriar la mezcla en la nevera para que sea un poco más compacta a la hora de trabajarla.

5. Para terminar, con ayuda de una cuchara, coge un poco de masa y da forma a las croquetas. Bate el huevo y dispón el pan rallado en un plato. Pasa las croquetas por huevo antes de rebozarlas en el pan rallado. Fríelas en aceite abundante, y bien caliente, hasta que estén doradas.

CURRY DE ALUBIAS ROJAS

250 g de alubias rojas

200 g de tomate natural triturado (media lata)

1 hoja de laurel

1 cebolla

1 vaina de cardamomo

2 dientes de ajo

1 trozo de jengibre fresco

1 cucharadita de cúrcuma

1 cucharadita de guindilla

1 ramita de canela

6 cucharadas de aceite de oliva

sal

1. La noche anterior, deja las alubias en remojo. Al día siguiente, enjuágalas y escúrrelas. Disponlas en una olla grande, cúbrelas con agua fría y cuécelas durante 1 hora y media. Transcurrido ese tiempo, escúrrelas y reserva un poco del caldo de cocción.

2. Pela y corta la cebolla a plumas, y los ajos, a láminas. Ralla el trozo de jengibre.

3. Calienta el aceite en una cazuela grande y pocha estos ingredientes junto con la hoja de laurel, la canela y el cardamomo. Déjalo a fuego medio hasta que la cebolla esté blanda y transparente.

4. Seguidamente, sube un poco el fuego y agrega la cúrcuma, la guindilla, una pizca de sal y el tomate. Después de 5 minutos, incorpora las judías escurridas y saltéalas durante 2 o 3 minutos.

5. Para terminar, agrega a la cazuela grande cien mililitros del caldo de cocción y llévalo a ebullición; debes ir removiéndolo. Tápalo y déjalo a fuego lento unos 10 minutos antes de servirlo.

CONSEJO: *Puedes acompañar este plato con arroz basmati o una ensalada.*

CHAMPIÑONES RELLENOS DE ALUBIAS

▲4

200 g de alubias cocidas

500 g de champiñones grandes

1 cebolla

100 g de taquitos de jamón serrano o beicon

2 dientes de ajo

hojas de perejil

aceite de oliva

sal

1. Si no tienes alubias cocidas, déjalas en remojo durante 12 horas. Después, enjuágalas y escúrrelas.

2. Dispón las alubias en la cazuela con agua fría y llévala a ebullición. Cuando rompa a hervir, baja el fuego y agrega un poco de agua fría para cortar la cocción. Repite la misma operación dos veces más y, después, cuécelas a fuego muy lento hasta que estén bien tiernas, 1 hora como mínimo.

3. Mientras, prepara un sofrito con la cebolla pelada y picada fina. Cuando empiece a estar transparente, agrega el ajo picado y remueve para que no se queme. Sálalo e incorpora los taquitos de jamón. Por último, incorpora las alubias y remueve para que se mezclen los ingredientes, con cuidado para que no se aplasten las alubias. Resérvalo.

4. A continuación, corta el pie de los champiñones (quédate solo con los sombreros) y quítales la piel con ayuda de un cuchillo, como si los pelaras. Límpialos con agua y sécalos con un papel de cocina, con suavidad. Colócalos boca arriba en una bandeja de horno untada con aceite, sálalos un poco y rellénalos con la mezcla de alubias.

5. Hornea los champiñones a 180 ºC durante 15 minutos. Sírvelos calientes, espolvoreados con perejil picado.

¿SABÍAS QUE...? *Si cueces las alubias en agua con gas quedan muy tiernas y se cuecen antes.*

ENSALADA DE ALUBIAS CON ANCHOAS

♟ 4

*200 g de alubias
blancas secas*

12 anchoas

1 pimiento verde

1 pimiento rojo

1 tomate de ensalada

1 cebolleta

aceite de oliva

vinagre de jerez

sal

1. Pon las alubias a remojar durante toda la noche. Al día siguiente, enjuágalas y escúrrelas. Cuécelas en agua fría sin sal a fuego mínimo durante 1 hora y media o 2 horas (dependerá del agua de tu zona, del fuego y de las alubias). Después, escúrrelas y resérvalas.

2. Monta el plato cortando la cebolleta y los pimientos en dados pequeños. Quita las semillas del tomate y córtalo en dados de un centímetro aproximadamente. Mezcla estos ingredientes con las alubias y alíñalo todo con un buen chorro de aceite de oliva y de vinagre. Agrega una pizca de sal. Si lo dejas en la nevera un rato antes de servir quedará un poco macerado y mucho más bueno.

3. Sirve el plato decorado con tres anchoas. Este plato es ideal para dejarlo preparado de un día para otro.

ENSALADA VEGETARIANA DE ALUBIAS

♟ 4

*300 g de alubias
blancas cocidas*

1 pimiento rojo

1 pimiento verde

1 cebolla tierna

2 tomates grandes

1 pepino

aceite de oliva

vinagre

sal

1. Lava y corta todos los ingredientes de la ensalada en trozos regulares no demasiado grandes. Debes pelar el pepino y, si quieres, también los tomates. A los tomates les puedes quitar las semillas y quedará mucho mejor.

2. Incorpora todos los ingredientes en una ensaladera, añade las alubias, y aliña a tu gusto con aceite, vinagre y sal (a menos que te gusten las hortalizas crujientes; en ese caso, alíñala en el último momento).

ENSALADA DE ALUBIAS CON LANGOSTINOS

👤 4

⟍⟋ ⟍⟋

200 g de alubias blancas cocidas

300 g de langostinos

1 diente de ajo

2 aguacates

1 tomate de ensalada

1 cebolla tierna

300 g de hojas verdes (rúcula, espinaca, lechuga, canónigos…)

vinagre de Módena

aceite de oliva

sal

Esta ensalada es un plato perfecto para aprovechar restos de alubias cocidas. Ya que hervirlas cuesta un rato, te recomendamos que siempre hagas más y guardes una parte para hacer una ensalada. Es un modo genial de comer legumbres dos veces por semana.

1. Dispón las hojas verdes en la ensaladera. Pela los aguacates y córtalos a dados. Lava el tomate, córtalo también a dados y quítale las semillas y las partes duras. Corta la cebolla en juliana e incorpóralo todo a la ensaladera. Agrega las alubias, previamente enjuagadas y escurridas.

2. Pela los langostinos; puedes guardar las cabezas en el congelador para preparar un *suquet* (guiso) de pescado o un sofrito en otro momento. Corta a láminas el ajo y saltéalo en una sartén con una cucharada de aceite. A continuación, agrega los langostinos y saltéalos un poco antes de ponerlos en la ensalada.

3. Aliña la ensalada con aceite y sal al gusto, y decórala con un hilo de vinagre de Módena, o vinagre de Módena caramelizado.

CONSEJO: *Puedes congelar las alubias cocidas, como cualquier otra legumbre, guardándolas en el mismo líquido de la cocción. Descongélalas unas horas antes de su uso en la nevera.*

EMPEDRAT DE BACALAO Y ALUBIAS

👤 4

600 g de alubias cocidas

400 g de bacalao desmigado

2 tomates de ensalada

1 cebolla

150 g de aceitunas negras

aceite de oliva

vinagre de jerez

sal

1. Si compras el bacalao salado, tendrás que desalarlo. Para ello, déjalo en remojo durante la noche y cambia el agua por la mañana.

2. Prepara el plato un rato antes de servirlo y estará mucho más bueno si reposa en la nevera.

3. Quita las semillas a los tomates y córtalos a dados. Corta las aceitunas a rodajas, y la cebolla, pelada, en plumas.

4. Mezcla en un bol todos los ingredientes con las alubias y el bacalao, y aliña a tu gusto con aceite de oliva (mejor si es virgen extra) y vinagre de jerez. Antes de añadir sal, prueba el bacalao; si está muy salado no será necesario que agregues sal al resto de ingredientes.

EMPEDRAT DE BACALAO Y ALUBIAS

ESCUDELLA BARREJADA
(SOPA DE CARNE, LEGUMBRES Y VERDURAS)

4

100 g de alubias blancas

100 g de arroz

100 g de fideos

¼ de gallina

1 careta de cerdo

100 g de tocino

*200 de jarrete
de ternera o morcillo*

1 hueso de ternera

1 butifarra negra

1 cebolla

2 zanahorias

½ col

500 g de patatas

500 g de acelgas

1 rama de apio

1 nabo

aceite de oliva

sal

1. Como siempre que cocines alubias, debes dejarlas en remojo durante 12 horas. Después, enjuágalas y escúrrelas.

2. Pela y pica la cebolla y una zanahoria. Llena una olla o cazuela grande con agua fría. Agrega la cebolla y la zanahoria, la rama de apio, el nabo, las alubias y toda la carne excepto la butifarra. Cuécelo todo sin prisa, a fuego lento, durante 90 minutos. Espuma de vez en cuando para retirar las impurezas y no dejes que hierva a borbotones; agrega agua para evitarlo si hace falta. Sálalo cuando lleve 1 hora de cocción.

3. Transcurrida 1 hora y media, retira toda la carne de la olla, y también el hueso.

4. Corta la col y las acelgas y agrégalas a la olla, que ya no tiene carne, y sigue cociéndolo a fuego bajo. Mientras, separa la carne de los huesos y la cortas toda en trozos pequeños. Tira los huesos y agrega de nuevo la carne a la *escudella*.

5. Pela y corta las patatas y la zanahoria restantes. Agrégalas al cocido transcurrida media hora. Incorpora también los fideos y el arroz y sigue cociendo a fuego lento 10 minutos más.

6. Transcurrido ese tiempo, incorpora la butifarra y cuece solo 10 minutos más. Deja reposar 5 minutos antes de servir. Retira el apio y corta la butifarra en porciones. Sirve un poco de todo en cada plato.

CHILE DE ALUBIAS Y LENTEJAS

200 g de alubias
rojas cocidas

200 g de lentejas cocidas

1 cebolla grande

4 dientes de ajo

2 guindillas

1 pimiento rojo

1 pimiento verde

3 tomates maduros

400 g de salsa de tomate

3 cucharadas
de aceite de oliva

pimienta

sal

nachos de maíz
para acompañar

1. Pela la cebolla y los ajos y pícalo todo finamente. Corta en rodajitas las guindillas.

2. Calienta tres cucharadas de aceite de oliva en una cazuela y sofríe la cebolla, los ajos y las guindillas.

3. Mientras tanto, pica el resto de ingredientes; quita las semillas de los tomates y córtalos en dados pequeños. Incorpóralo todo a la cazuela y salpimienta. Deja que queden blandos los ingredientes y agrega la salsa de tomate. Cuécelo durante 15 minutos a fuego lento.

4. Por último, agrega las legumbres y el agua. Mezcla con cuidado, sube el fuego y deja que hierva. Cuando empiece a hervir, baja el fuego, tapa y cuécelo a fuego lento durante media hora o hasta que la salsa esté bien espesa.

5. Deja reposar un buen rato para que coja más sabor. Si lo haces de un día para otro, es mucho mejor. Sírvelo caliente acompañado de nachos de maíz.

FRIJOLES MEXICANOS

400 g de judías rojas

400 g de tomate natural triturado (1 lata)

1 cebolla grande

1 pimiento verde italiano

1 guindilla

5 dientes de ajo

1 cucharada de manteca de cerdo

1 hoja de laurel

pimienta

sal

1. La noche anterior, deja las judías rojas en remojo. Después, enjuágalas y cuélalas.

2. Dispón las alubias en una olla con agua fría (el agua debe quedar unos 6 centímetros por encima de las alubias), agrega la hoja de laurel y llévala a ebullición. Cuando rompa a hervir, corta la cocción con agua fría y deja que vuelva a hervir. Las judías deben cocerse durante 1 hora larga.

3. Mientras tanto, pela y pica la cebolla, corta la guindilla a rodajas, pela los ajos y corta el pimiento italiano. En una sartén con la manteca de cerdo, saltea todos estos ingredientes a fuego medio durante unos minutos.

4. Cuando la cebolla empiece a estar blanda, agrega el tomate triturado, una pizca de sal, otra de pimienta y tres cucharadas del líquido de cocción de las alubias, y fríelo todo durante 10 minutos; debes removerlo de vez en cuando. Transcurrido ese tiempo, transfiérelo al vaso de la batidora y tritúralo todo junto.

5. Cuando las alubias lleven 1 hora larga de cocción, pruébalas y, si ya están casi cocidas, retíralas del fuego y escúrrelas. Si aún están duras, déjalas 10 minutos más. Transcurrido ese tiempo, cuélalas y transfiérelas a una cazuela ancha.

6. Para terminar, agrega el sofrito triturado y cuécelo, todo junto, durante 10 minutos. Rectifica de sal si es necesario y sírvelo caliente.

FRIJOLES MEXICANOS

JUDÍAS A LO TÍO LUCAS

400 g de judías blancas
secas

3 dientes de ajo

1 hueso de jamón

1 cebolla

1 hoja de laurel

perejil fresco

sal

Para el sofrito:

1 cebolla grande

200 g de tocino fresco

75 ml de aceite de oliva

3 dientes de ajo

1 cucharadita de comino

2 cucharadas de vinagre

azúcar

pimienta

sal

1. La noche anterior, deja las judías en remojo. Al día siguiente, enjuágalas, escúrrelas y transfiérelas a una olla grande con agua fría. Pon la olla a calentar. Seguidamente, agrega la cebolla, pelada y cortada a cuartos, el laurel, el hueso de jamón, el perejil y los ajos, previamente pelados.

2. Cuando el agua rompa a hervir, vierte medio litro de agua fría para cortar la cocción. Espera a que el agua hierva de nuevo y repite la operación. Después, cuécelo a fuego medio durante 2 horas, con la olla medio tapada; debes ir espumándolo. Cuando lleven 1 hora de cocción, agrega una pizca de sal.

3. **Elaboración del sofrito:** pela los ajos y fríelos enteros en una sartén con el aceite. Cuando estén dorados, retíralos y baja el fuego. Agrega el tocino, previamente cortado a trozos pequeños, retíralo cuando empiece a tostarse e incorpóralo a la olla. Después, agrega a la sartén la cebolla previamente pelada y picada, y póchala durante 10 minutos. Seguidamente, agrega el vinagre, el comino, una pizca de azúcar, otra de pimienta y otra de sal, y remueve. Transcurridos unos minutos, incorpora un poco del caldo de la olla, remueve y resérvalo.

4. Comprueba que el agua de la olla se va consumiendo sin que las judías se lleguen a quedar sin agua. Pruébalas y, cuando estén cocidas, agrega el sofrito y remueve. Si puedes, déjalo reposar unas horas y caliéntalo antes de servir.

JUDIONES DE EL BARCO DE ÁVILA GUISADOS

👤 6

400 g de judiones (judías de El Barco de Ávila)

100 g de jamón serrano en lonchas

1 rabo de cerdo

1 oreja de cerdo

1 hueso de jamón

6 dientes de ajo

1 hoja de laurel

aceite de oliva

pimienta

sal

1. Deja las judías en remojo la noche antes de preparar el plato. Deja también en remojo, un par de horas, el rabo y la oreja de cerdo. Después, enjuágalo y escúrrelo todo.

2. Transfiérelo a una olla, cúbrelo con agua fría y agrega el hueso de jamón, el laurel y cuatro ajos pelados y enteros. Llévalo a ebullición. Cuando el agua rompa a hervir, vierte medio litro de agua fría para cortar la cocción.

3. Hiérvelo a fuego medio durante 2 horas; debes ir comprobando que el agua se va consumiendo pero no llega a agotarse. Ve espumando. Cuando quede poco para finalizar la cocción, agrega una pizca de sal.

4. Mientras tanto, en una sartén con una cucharada de aceite, fríe los dos ajos pelados y enteros restantes y retíralos. A continuación, saltea el jamón, previamente cortado, y agrégalo a la olla cuando falten 15 minutos para terminar la cocción. Salpimienta.

5. Transcurrido el tiempo de cocción, prueba las alubias y rectifica de sal si es necesario. Retira toda la carne, trocéala a lonchas finas y sírvela aparte. Si puedes, déjalo reposar unas horas y caliéntalo antes de servirlo.

¿SABÍAS QUE…? *La mayoría de guisos y potajes están más sabrosos pasadas unas horas o, incluso, al día siguiente.*

OLLA PODRIDA

400 g de alubias secas

200 g de costilla de cerdo

1 oreja de cerdo

1 rabo de cerdo

6 dientes de ajo

1 chorizo crudo

1 morcilla

1 cebolla

1 puerro

1 zanahoria

1 hoja de laurel

1 cucharadita de comino

hojas de perejil

50 ml de aceite de oliva

pimienta

sal

1. La noche anterior, deja las alubias en remojo. Al día siguiente, enjuágalas y escúrrelas. Deja también en remojo un par de horas la oreja y el rabo de cerdo.

2. Dispón en una olla las alubias, el rabo y la oreja de cerdo, el laurel, la zanahoria pelada, tres dientes de ajo pelados, el perejil y un chorro de aceite. Cúbrelo todo con agua fría y llévalo a ebullición. Cuando rompa a hervir, corta la cocción con medio litro de agua fría y vuelve a dejarlo en el fuego. Cuando hierva de nuevo, baja el fuego y cuécelo 2 horas. Ve espumando y comprobando que el agua se va consumiendo sin llegar a agotarse. Cuando lleve más de 1 hora al fuego, agrega sal.

3. Mientras tanto, en una sartén con el aceite, fríe los otros ajos, pelados y enteros, y retíralos cuando empiecen a dorarse. A continuación, saltea la costilla de cerdo troceada durante unos minutos y retírala también. Haz lo mismo con el chorizo y la morcilla. Después, agrega todos estos ingredientes a la olla.

4. Pela y pica la cebolla y el puerro y póchalos en el mismo aceite de la sartén durante 10 minutos. Agrega una pizca de sal, otra de pimienta y el comino. Después, transfiérelo al vaso de la batidora, vierte dos cucharadas del caldo de la olla y tritúralo. Pruébalo de sal y agrégalo a la olla.

5. Cuécelo todo junto 5 minutos y apaga el fuego. Si puedes, déjalo reposar unas horas y caliéntalo antes de servirlo.

PISTO CON ALUBIAS Y HUEVO DURO

4

2 botes de alubias
blancas cocidas
(unos 500 g)

1 lata de tomate natural
triturado (400 g)

1 cebolla

1 calabacín

1 patata

1 berenjena

2 dientes de ajo

2 huevos

aceite de oliva

pimienta

sal

1. Prepara las verduras: lava y pela la patata, el calabacín y la berenjena, y córtalos a dados de 1 centímetro de lado. Pela la cebolla y córtala a plumas.

2. En una sartén grande con cuatro cucharadas de aceite, pocha la cebolla y el ajo pelado, a fuego bajo, durante 10 minutos. A continuación, incorpora la patata y la berenjena, y déjalo 10 minutos más. Después, agrega el calabacín y una pizca de sal y póchalo todo. Transcurridos 10 minutos más, incorpora el tomate, una pizca de pimienta y tápalo.

3. Enjuaga y escurre las alubias. Agrégalas a la sartén 5 minutos después del tomate y continúa la cocción.

4. Mientras tanto, hierve dos huevos en un cazo aparte durante 10 minutos. Pélalos y córtalos en cuartos.

5. Apaga el fuego de la sartén, agrega los huevos y déjalo reposar un par de horas, si puedes. Caliéntalo antes de servirlo.

CONSEJO: *Esta receta es muy recomendable en dietas vegetarianas porque aporta las proteínas de las alubias y del huevo, además de los nutrientes de las verduras.*

POCHAS A LA RIOJANA

250 g de alubias rojas
(caparrones)

3 dientes de ajo

1 chorizo crudo

1 oreja de cerdo

1 rabo de cerdo

1 hoja de laurel

perejil fresco

aceite de oliva

sal

Para el sofrito:

1 guindilla

1 cucharadita
de pimentón

1 cebolla

1 puerro

aceite de oliva

pimienta

sal

1. La noche anterior, deja las alubias en remojo. Deja también en remojo la oreja y el rabo de cerdo, aparte, 2 horas. Después, enjuágalo y escúrrelo todo. Transfiere las alubias y la carne de cerdo a una olla con el laurel, el perejil y dos ajos pelados, cúbrelo con agua fría y cuécelo a fuego bajo durante 2 horas.

2. Mientras, en una sartén con tres cucharadas de aceite, fríe el ajo restante y retíralo. A continuación, saltea el chorizo durante 2 minutos. Después, agrégalo a la olla. Ve espumando y comprobando que el líquido de la olla se va consumiendo sin que llegue a agotarse.

3. **Elaboración del sofrito:** pela y pica la cebolla y el puerro y, en la misma sartén, rehógalos durante 15 minutos a fuego bajo. Transcurridos 10 minutos, salpimienta y agrega la guindilla y el pimentón.

4. Seguidamente, transfiere el contenido de la sartén al vaso de la batidora y tritúralo. Viértelo a la olla cuando falten 10 minutos para terminar la cocción. Comprueba que las alubias estén hechas, rectifica de sal, si es necesario, y apaga el fuego.

5. Retira la carne y sírvela aparte. Si puedes, deja reposar el plato 1 hora y caliéntalo todo en el momento de servirlo.

POTAJE DE HABICHUELAS
BLANCAS A LA MALAGUEÑA

👤4

320 g de alubias blancas

*200 g de tomate
natural triturado*

1 pimiento verde

1 cebolla grande

5 dientes de ajo

1 hoja de laurel

250 g de panceta

1 morcilla malagueña

*1 chorizo picante
de Málaga*

aceite de oliva

pimienta

sal

1. La noche anterior, deja las alubias en remojo. Al día siguiente, enjuágalas y escúrrelas.

2. Dispón las alubias en una olla y cúbrelas con agua fría (el agua debe quedar unos ocho centímetros por encima de las alubias). Agrega la panceta, cortada en trocitos, la cebolla, pelada, la hoja de laurel y el pimiento, lavado, cortado por la mitad y sin las semillas. Cuando rompa a hervir, vierte agua fría para cortar la cocción y deja que hierva de nuevo. Cuécelo durante 1 hora y media, a fuego medio, y agrega sal casi al final de la cocción.

3. Mientras tanto, en una sartén con una cucharada de aceite, sofríe los ajos hasta que estén dorados y retíralos. A continuación, agrega el tomate natural y déjalo a fuego medio durante 10 minutos. Salpimienta.

4. Cuando falten 10 minutos para terminar la cocción de las alubias, agrega la morcilla y el chorizo a la olla, y retira la cebolla y el pimiento.

5. Tritura la cebolla y el pimiento con la batidora eléctrica junto con el tomate que has frito y agrégalo a la olla. Pruébalo, rectifícalo de sal si es necesario y déjalo unos minutos al fuego antes de servirlo.

POTE ASTURIANO

250 g de alubias
blancas secas

2 patatas medianas

1 morcilla

1 chorizo crudo

1 oreja de cerdo

100 g de lacón

100 g de costilla de cerdo

1 hueso de ternera

2 dientes de ajo

1 cucharadita
de pimentón

hojas de col verde

aceite de oliva

sal

1. La noche anterior, deja las alubias en remojo. Deja también la oreja de cerdo en remojo, aparte, 2 horas. Enjuágalo todo y escúrrelo.

2. Dispón las alubias en una olla junto con la oreja de cerdo, los ajos pelados, el lacón y el hueso, y cúbrelo con agua fría. Llévalo a ebullición y, cuando hierva, corta la cocción con medio litro de agua fría. Deja que vuelva a hervir, baja el fuego y cuécelo durante 2 horas. Ve espumando.

3. Mientras tanto, en una sartén con dos cucharadas de aceite, saltea la costilla troceada, el chorizo y la morcilla, por separado, y agrégalos a la olla. Pela las patatas y córtalas a trozos medianos.

4. Aparte, pon a hervir la col troceada (a trozos grandes). Transcurrida media hora, escúrrela y transfiérela a la olla de las alubias. Cuando la olla lleve 90 minutos hirviendo, agrega las patatas, una pizca de sal y el pimentón.

5. Comprueba que el agua de la cocción se va consumiendo sin que llegue a agotarse.

6. Transcurrido el tiempo de cocción, prueba las alubias y rectifica de sal si es necesario. Retira las carnes, córtalas y sírvelas, si quieres, aparte. Si puedes, déjalo reposar un par de horas antes de calentarlo y servirlo.

POROTOS CON QUESO AL ESTILO DE URUGUAY

👤 4

350 g de alubias
rojas secas

250 g de queso
parmesano

1 cebolla tierna

400 g de tomate natural
triturado (1 lata)

2 dientes de ajo

1 pimiento verde

aceite de oliva

pimienta

sal

1. La noche anterior, deja las alubias en remojo. Al día siguiente, enjuágalas y escúrrelas.

2. Dispón las alubias en una olla con agua fría y llévalas a ebullición. Cuando el agua rompa a hervir, agrega agua fría para cortar la cocción y hiérvelas de nuevo durante 1 hora y media a fuego medio.

3. Mientras tanto, pela y pica la cebolla y pela los ajos. En una sartén grande con una cucharada de aceite, sofríe primero los ajos y, cuando estén dorados, retíralos y sofríe la cebolla. Transcurridos 5 minutos, agrega el pimiento, previamente cortado y sin pepitas. Después de 5 minutos, incorpora el tomate, salpimiéntalo y cuécelo a fuego medio; debes ir removiéndolo de vez en cuando.

4. Ralla el queso parmesano y resérvalo.

5. Transcurrido el tiempo de cocción de las alubias, comprueba que estén tiernas, cuélalas y agrégalas a la sartén. Incorpora también el queso y remueve con cuidado. Cuécelo 5 minutos más y sírvelo caliente.

RECAO DE BINÉFAR

250 g de alubias
blancas secas

100 g de arroz

100 g de jamón serrano

2 chorizos crudos

4 dientes de ajo

1 hueso de jamón

1 cucharadita
de pimentón picante

1 hoja de laurel

1 patata

1 cebolla

2 cucharadas de aceite
de oliva

sal

1. La noche anterior, deja las alubias en remojo. Al día siguiente, enjuágalas y escúrrelas. Disponlas en una olla, cúbrelas de agua y llévalas a ebullición. Cuando rompan a hervir, corta la cocción con medio litro de agua fría y deja que hierva de nuevo. Agrega los ajos pelados, la cebolla, pelada y partida a cuartos, el laurel, un chorro de aceite, el hueso de jamón y los chorizos. Cuécelo todo a fuego bajo durante 1 hora y media. Ve espumando.

2. Mientras tanto, pela la patata y córtala a trozos medianos.

3. Cuando la olla lleve 1 hora larga de cocción, agrega la patata, una pizca de sal, el jamón cortado a trozos y el pimentón. Comprueba que el líquido de la olla se va consumiendo, pero sin que llegue a agotarse. Agrega, a continuación, el arroz y cuenta 20 minutos más de cocción. Apaga el fuego y déjalo reposar.

4. Finalmente, comprueba que las alubias y el arroz estén tiernos, y retira las carnes y el hueso del guiso. Transfiere el resto del plato a una cazuela de barro, agrega las carnes cortadas y dale el último hervor.

RISOTTO DE JUDÍAS ROJAS

1 bote de alubias rojas (unos 500 g)

100 g de arroz

50 g de queso parmesano

1 litro de caldo vegetal

1 cebolla

1 pimiento rojo

1 rama de apio

3 dientes de ajo

4 cucharadas de aceite de oliva

hojas de perejil fresco

pimienta

sal

1. Enjuaga las alubias, escúrrelas y resérvalas.

2. Calienta el caldo en un cazo.

3. Pela y pica la cebolla y los ajos y, en una cazuela grande con dos cucharadas de aceite, rehógalos a fuego lento. Transcurridos 10 minutos, incorpora el arroz en forma de lluvia y remueve. Un minuto después, vierte el caldo caliente, agrega una pizca de sal y hiérvelo, a fuego medio.

4. Mientras, lava y corta el pimiento; las semillas se desechan. Pela el apio y córtalo a rodajas finas. Calienta el resto del aceite en una sartén y sofríe el pimiento y el apio a fuego medio durante 5 minutos; debes ir removiéndolo. Seguidamente, incorpora este sofrito y las alubias a la cazuela del arroz y cuécelo, todo junto, hasta que el arroz lleve unos 15 o 20 minutos de cocción. Pruébalo y rectifica de sal, si es necesario. Agrega una pizca de pimienta.

5. Ralla el queso parmesano directamente en la cazuela y remuévelo para que se deshaga.

6. Para terminar, transfiere el *risotto* a una fuente y sírvelo caliente, espolvoreado con un poco de perejil picado.

SALPICÓN DE PULPO

 4

1 bote de alubias
blancas cocidas

2 patas de pulpo cocidas

1 cebolla

1 tomate
de ensalada maduro

1 lata de atún en aceite

1 huevo

aceite de oliva

vinagre

pimentón dulce

sal

1. Lava las alubias con agua fría, escúrrelas y resérvalas.

2. Cuece el huevo en un cazo con agua durante 10 minutos. Después, pélalo.

3. En una fuente ancha, dispón el atún, previamente escurrido del aceite de conservación, y desmigájalo con un tenedor.

4. Limpia bajo el agua del grifo las patas de pulpo y córtalas a rodajas. Disponlas en la fuente. Corta el huevo a rodajas e incorpóralo también.

5. Pela el tomate, córtalo a dados pequeños y desecha las semillas. Pela la cebolla y pícala muy fina. Incorpóralo todo a la fuente.

6. Alíñalo con un chorro generoso de aceite, una pizca de sal, un chorrito de vinagre y pimentón al gusto. Déjalo un rato en la nevera y sírvelo frío.

SOPA A LA PROVENZAL

300 g de judías
rojas secas

2 cebollas tiernas

4 dientes de ajo

1 pimiento rojo

1 lata de tomate natural
triturado (400 g)

1 hoja de laurel

1 cucharadita de tomillo

1 cucharadita de romero

hojas de albahaca fresca

hojas de perejil fresco

4 cucharadas
de aceite de oliva

pimienta

sal

1. La noche anterior, deja las judías en remojo. Al día siguiente, enjuágalas y escúrrelas. Transfiérelas a una olla, cúbrelas con agua fría y ponlas a cocer. Cuando el agua rompa a hervir, corta la cocción con medio litro de agua fría. Seguidamente, agrega el laurel, deja que hierva y baja el fuego. Ve comprobando que el agua se va consumiendo, sin llegar a agotarse.

2. Mientras tanto, pela y pica las cebollas y rehógalas durante 5 minutos en una sartén con aceite, a fuego bajo. Transcurrido ese tiempo, incorpora el pimiento, previamente picado, y los ajos pelados. A los 5 minutos, vierte el tomate, salpiméntalo y agrega todas las hierbas aromáticas (pica la albahaca y el perejil). Cuécelo todo durante 15 minutos, apaga el fuego y resérvalo.

3. Cuando las judías lleven 1 hora y media de cocción, vierte el sofrito en la olla. Cuécelo todo junto 15 minutos más. Después, remueve, comprueba que las judías estén cocidas (si no, déjalas 10 minutos más) y rectifica de sal si es necesario.

4. Déjalo reposar un par de horas, si puedes, y caliéntalo antes de servirlo.

GUISANTES

Las perlas verdes

Los guisantes, como las judías o las habas, son leguminosas, pero se consideran una verdura cuando están frescos y una legumbre tras el proceso de maduración. En ambos momentos constituyen un alimento muy interesante desde el punto de vista nutricional y realmente versátil en el mundo de la gastronomía.

Nombre: *Pisum sativum* (nombre científico), *pèsol* (catalán), *bisalto* (en Aragón), *chícharo* (gallego), *ilarra* (vasco).

Propiedades nutritivas:

Frescos: ricos en vitaminas, fibra y proteínas.

Secos: ricos en hidratos de carbono, fibra, proteínas y minerales.

Cómo consumirlos:

Frescos: en menestra, en ensalada, hervidos y salteados.

Secos: hervidos, guisados y en sopas y cremas, principalmente.

UN POCO DE HISTORIA

Los guisantes, como todas las legumbres, son muy antiguos. El hombre prehistórico empezó a recolectarlos de las plantas silvestres y, más tarde, aprendió a cultivarlos. Se han encontrado restos fosilizados de guisantes en yacimientos del Próximo Oriente que datan de hace casi 10.000 años, y su cultivo se inició, probablemente, sobre el 7500 a. de C.

En época egipcia ya se producían en buena parte de Europa y de Asia, y desde entonces forman parte de numerosos platos orientales. Durante siglos, sin embargo, en muchas regiones europeas se destinaron exclusivamente a la alimentación animal o al consumo de las clases más pobres.

Hoy en día, el guisante es una legumbre conocida en todo el mundo y su cultivo está presente en muchos países; China, Francia y Rusia son los principales productores.

LA ANÉCDOTA:

El guisante fue la planta que utilizó Gregor Mendel (1822-1884) en las investigaciones sobre genética que sentaron las bases de la genética actual.

UN REGALO PARA EL ORGANISMO

Los guisantes son un tipo de leguminosa, aunque también se pueden consumir tiernos –incluso crudos–, en cuyo caso presentan una composición nutricional más propia de las hortalizas que de las legumbres. La principal diferencia entre los guisantes frescos y los secos es el mayor contenido vitamínico de los primeros frente al mayor aporte energético de los segundos.

Frescos o secos, los guisantes aportan grandes beneficios a nuestro organismo y son un alimento muy recomendable para cualquier persona sana y de cualquier edad.

Propiedades de los guisantes frescos:

Los guisantes frescos, que se pueden consumir en su misma vaina como si fueran judías verdes, presentan características nutricionales propias de las verduras de hoja verde, es decir, muchas vitaminas (especialmente del grupo B), fibra y proteínas. En cuanto a los minerales, destacan el potasio, el hierro y el cinc. Veamos en qué nos benefician:

- La tiamina, o vitamina B1, que contienen los guisantes frescos interviene en la asimilación de los carbohidratos que nuestro organismo transforma en energía. También ayuda a mantener el buen funcionamiento del corazón, el sistema digestivo y el sistema nervioso y, además, juega un papel importante en la protección de las células frente a los niveles excesivos de glucosa.
- La niacina, o vitamina B3, participa en la síntesis hormonal y es fundamental para el crecimiento de niños y adolescentes. También mejora el sistema circulatorio, limpia la piel y regula la glucosa en sangre.

La frecuencia de consumo recomendada para las legumbres es de tres a cuatro veces por semana: dos veces como plato principal y el resto, como acompañamiento o ingrediente de otros platos.

- El ácido fólico, o vitamina B9, favorece la formación de glóbulos rojos y, en consecuencia, es efectivo contra la anemia. También es muy importante en la dieta de la mujer embarazada porque contribuye a la correcta formación del feto.
- La vitamina K, de la cual el guisante tanto fresco como seco es un destacado portador, contribuye al fortalecimiento de huesos y dientes.
- La vitamina A ayuda a mantener sana nuestra vista y nuestra piel.
- La fibra regula el tránsito intestinal y ayuda a prevenir, en última instancia, el cáncer de colon. También es eficaz contra la hipercolesterolemia, los niveles excesivos de glucemia y la obesidad.

Propiedades de los guisantes secos:
Los guisantes secos, como todas las legumbres, pierden vitaminas durante su proceso de maduración, pero adquieren hidratos de carbono. Siguen conservando buenas dosis de vitaminas, fibra y proteínas, aunque en menor medida que los frescos y, en cuanto a los minerales, aportan cantidades notables de magnesio, cinc, potasio, hierro y calcio. La ingesta regular de guisantes secos proporciona a nuestro organismo:

- **Potasio**: este mineral participa en la contracción muscular, por lo que juega un papel básico en la actividad neuromuscular. También ayuda a regular la presión arterial y a mitigar o retardar los efectos del reuma y la artritis.
- **Cinc:** los guisantes secos contienen mucho cinc, que contribuye al correcto

GUISANTES CON BUTIFARRA Y AJOS TIERNOS

600 g de guisantes
frescos sin vaina

2 butifarras

200 g de panceta

1 cebolla

1 manojo de ajos tiernos

aceite de oliva

pimienta

sal

Esta receta es ideal para hacer en primavera, ya que encontrarás ajos tiernos y guisantes frescos.

1. En una cazuela con tapa, pon un buen chorro de aceite de oliva a calentar. Corta la panceta a tacos o tiras, y las butifarras, a rodajas, y agrégalo a la cazuela cuando el aceite esté caliente.

2. Mientras, pela y pica fina la cebolla y corta los ajos tiernos a rodajitas. Cuando las butifarras y la panceta estén doradas, incorpora la cebolla y los ajos a la cazuela. Salpimienta y remuévelo todo para que la cebolla y el ajo se empapen con el aceite y las grasas de la carne.

3. Transcurridos 2 minutos, cuando la cebolla empiece a estar transparente, incorpora los guisantes tiernos (si son secos o congelados, deberás hervirlos primero). Remueve bien, tapa la cazuela y cuécelo a fuego lento entre 5 y 8 minutos, hasta que los guisantes estén bien tiernos (dependerá de su tamaño). Seguidamente, ya puedes servirlos.

CONSEJO: *Si cambias la butifarra por butifarra negra quedará toda rota y mezclada con los guisantes. Si no quieres que quede así, agrégala en rodajas al final de la cocción, pero perderás algo de sabor.*

GUISANTES CON BUTIFARRA Y AJOS TIERNOS

GUISANTES A LA FRANCESA

👤 4

700 g de guisantes frescos o congelados

2 cebollas

2 dientes de ajo

100 ml de caldo de verduras

aceite de oliva

pimienta

sal

1. Calienta agua en una olla y cuece los guisantes durante unos 8 minutos si son frescos, y unos 15 minutos, si están congelados. Agrega sal hacia el final de la cocción. Transcurrido el tiempo, cuélalos y disponlos en un recipiente con hielo para cortar la cocción. Resérvalos.

2. Pela y pica las cebollas y los ajos y sofríelos en una sartén con aceite a fuego suave. Cuando la cebolla esté transparente, y el ajo, dorado, agrega los guisantes cocidos y el caldo.

3. Rehógalo todo durante unos minutos hasta que los guisantes empiecen a estar ligeramente dorados.

4. Rectifica de sal y de pimienta y sírvelos calientes.

GUISANTES A LA FRANCESA

GELATINA DE GUISANTES

500 de guisantes frescos

3 lonchas finas de jamón serrano

1 cebolla

1 sobre de agaragar

aceite de oliva

sal

1. Pela y pica la cebolla y sofríela en una sartén con dos cucharadas de aceite, a fuego medio. Cuando esté transparente, agrega el jamón, cortado a tiritas. Remueve e incorpora los guisantes frescos y 200 ml de agua. Cuécelo 10 minutos a fuego lento.

2. Transcurrido ese tiempo, comprueba que los guisantes estén tiernos, rectifica de sal y apaga el fuego.

3. Prepara cuatro moldes grandes de flan y distribuye los guisantes y el jamón en ellos; debes evitar echar el jugo de la cocción (déjalo en la sartén). Resérvalo.

4. Vuelve a calentar el jugo en la sartén. Cuando rompa a hervir, agrega el agaragar (tres gramos son suficientes) y remueve para que se disuelva. Transcurridos unos minutos, reparte el líquido entre los cuatro recipientes.

5. Deja que se enfríen, primero a temperatura ambiente y, después, en la nevera durante 2 horas para que se gelifique el jugo. Después, desmóldalos y sírvelos.

GELATINA DE GUISANTES

HABAS

La mala reputación

A lo largo de la historia, las habas se han asociado a todo tipo de creencias relacionadas con los muertos y el más allá. Menospreciadas y empleadas durante siglos solo como forraje, las habas han vuelto para quedarse y se sitúan actualmente en lo más alto del Olimpo de las legumbres.

HUMMUS DE HABAS TIERNAS

👤 4

300 g de habas frescas peladas

1 cucharadita de tahini

el zumo de ½ limón

½ cucharadita de comino molido

15 ml de aceite de oliva

pimienta

sal

1. Escalda las habas frescas en agua hirviendo. Para ello, pon una cazuela al fuego con agua y una pizca de sal, y llévala a ebullición. Cuando hierva, echa las habas al agua y cuélalas cuando haya transcurrido 1 minuto. Deja que se enfríen y pélalas, una a una, con paciencia.

2. Cuando las habas estén frías y peladas, tritura todos los ingredientes juntos en el vaso de la batidora: las habas, el zumo de limón, la *tahini*, el aceite, las especias y la sal. Debe tener la consistencia de un puré.

3. Puedes servir el *hummus* de habas con nachos de maíz, tostaditas de pan, pan con tomate y jamón ibérico, etc.

HUMMUS DE HABAS TIERNAS

HABAS CON CHORIZO

👤 4

750 g de habas

1 chorizo, picante o no

*1 loncha gruesa
de panceta ahumada*

1 cebolla grande

1 diente de ajo

200 ml de agua

aceite de oliva

sal

1. Si utilizas habas secas, deberás dejarlas previamente en remojo durante 15 horas como mínimo.

2. Pela y pica la cebolla bien fina y sofríela en una cazuela con dos cucharadas de aceite y una pizca de sal. Cuando empiece a estar transparente, agrégale el diente de ajo previamente picado (puedes sustituirlo por un ajo tierno cortado a rodajitas, incluyendo la parte más tierna del tallo verde).

3. Mientras se doran la cebolla y el ajo, a fuego lento para que no se quemen, corta la panceta en tiras y el chorizo en rodajas, y agrégalos cuando el sofrito esté listo. Remuévelo todo para que la carne suelte la grasa y se fría un poco por todos lados.

4. A continuación, incorpora las habas tiernas y vierte un vaso de agua, lo justo para que cubra las habas. Si las habas son tiernas, con media hora de cocción será suficiente; si son secas, tendrán que cocinarse más tiempo, entre 1 y 2 horas (en ese caso tendrás que ir agregando agua).

5. Cuécelas a fuego lento y que reduzca el agua para que forme una salsa. Si tienes que alargar la cocción, es mejor ir virtiendo el agua poco a poco a medida que se vaya consumiendo; de este modo nunca quedarán demasiado caldosas.

HABAS CON CHORIZO

OTRAS LEGUMBRES

Actores secundarios

La soja, el algarrobo, los altramuces o la almorta son legumbres poco conocidas. La mayoría de ellas se emplea como producto procesado en forma de harina, leche, germinado, etc., y normalmente en sustitución de otros ingredientes más convencionales. Sin embargo, merece la pena echar un vistazo a todo lo que nos ofrecen estos alimentos de segunda fila.

LEGUMBRES DE SEGUNDA

Frente a la gran popularidad de los garbanzos, las lentejas o las alubias, las legumbres que podríamos denominar «de segunda clase» han estado presentes en nuestra gastronomía de forma casi anecdótica: en algunos casos, por estar destinadas principalmente al consumo animal; en otros, por ser menos versátiles que las legumbres convencionales y, en la mayoría, por haber quedado unidas para siempre a épocas de hambrunas y miseria, cuando los demás alimentos escaseaban.

Sin embargo, estas legumbres, que provienen de lugares tan dispares como el Perú, el Himalaya o Asia Central, ofrecen no poco interés nutritivo y, en pleno siglo XXI, han despertado la curiosidad de los cocineros más exigentes.

En este capítulo veremos algunas de las más representativas.

La almorta (*Lathyrus sativus*)

La almorta, alverja, chícharo, guija, pito o tito es una leguminosa conocida desde tiempo inmemorial en el ámbito mediterráneo y también en Asia y África. Se tiene constancia de su cultivo en la India hace 4.000 años, donde se emplea desde siempre en sopas y guisos.

En España, su harina se usa en la elaboración de muchos platos tradicionales, principalmente en zonas rurales, y constituye la base de las gachas manchegas que, a diferencia de las demás gachas –que se elaboran con avena o harina de trigo o de maíz–, emplean la harina de almorta. Hoy en día, es una legumbre poco cultivada fuera de la región de Castilla-La Mancha y de ciertas zonas rurales.

Desde el punto de vista nutricional, destacan su alto contenido en fibra y su aporte proteico.

· ·

LA ANÉCDOTA:

Goya puso el título de *Gracias a la almorta* a uno de sus famosos grabados sobre los desastres de la Guerra de la Independencia. En él representa una escena de reparto de gachas de almorta: en época de guerras y hambrunas, la harina de almorta llegó a ser el único alimento disponible entre los pobres.

· ·

Los cacahuetes (*Arachis hypogaea*)

El cacahuate o maní es una leguminosa procedente de América del Sur (probablemente, del Perú), cuyos frutos contienen las semillas que empleamos en la gastronomía. El cacahuete es un alimento muy antiguo, presente ya en la dieta de los indígenas americanos de hace 7.000 años. Los conquistadores españoles fueron quienes lo introdujeron en España y, de ahí, se expandió por Europa y Asia Central.

De este fruto se obtienen alimentos como la crema de cacahuete, los cacahuetes fritos que se consumen como *snack*, el aceite de cacahuete y otros derivados empleados en dulces como turrón o galletas.

La alfalfa (*Medicago sativa*)

Se trata de una leguminosa muy antigua, originaria de Asia Central (aunque algunos estudios sitúan su origen en África). Su nombre español procede del árabe y, tradicionalmente, se ha destinado a forraje.

Hoy en día, la alfalfa se consume cruda (germinada) en ensaladas, sopas, guarniciones, etc. Desde el punto de vista nutricional, es un alimento muy interesante por su alto contenido en proteína vegetal, y también en calcio, hierro, potasio, fósforo y vitaminas C, K, D y E.

Los altramuces (*Lupinus*)

Los altramuces tienen forma redondeada y plana, con una piel lisa y de color amarillento. Son las semillas de la planta llamada lupino, que por su belleza se comercializa como planta ornamental. Existen tres variedades de altramuz: la blanca, la azul y la amarilla. La variante amarilla, la más popular, contiene una sustancia tóxica que se elimina dejando los altramuces en salmuera.

El altramuz se suele consumir como aperitivo, rociado con un poco de limón, previa maceración en agua con sal. También se destina a sopas, potajes o incluso ensaladas; y a partir de ellos se preparan derivados como harina, sustitutos de café o aceite.

Desde el punto de vista nutricional, del altramuz destacan su gran aporte de proteínas y su escaso contenido graso. También es muy rico en vitaminas del grupo B y vitamina E, y contiene grandes cantidades de cinc, potasio, fósforo y magnesio.

LA ANÉCDOTA:
Durante la hambruna de los años cuarenta, en la España de la posguerra, el altramuz se convirtió en un alimento de subsistencia.

Los algarrobos (*Ceratonia siliqua*)

El algarrobo es un árbol originario de Oriente Próximo cuyos frutos son las algarrobas (o algarrobos), que se conservan durante mucho tiempo una vez secas. Tradicionalmente, se han destinado al consumo animal, en especial para las crías, por ser altamente nutritivos.

Sin embargo, el algarrobo también ha tenido distintos usos en la gastronomía. Las vainas de algarroba se desecan, se tuestan y se pulverizan para dar lugar a un producto alternativo al chocolate. Su sabor y color se asemejan mucho al del cacao, con distintas tonalidades según el grado de tostado, y en la posguerra española se usó a menudo como sustituto del chocolate, que escaseaba. Otra de las comidas populares que se preparan tradicionalmente con dicha legumbre es la aloja, hecha preferentemente a partir del algarrobo negro.

En Argentina y Chile, con los frutos de una variedad del algarrobo blanco se prepara el *patay*, un pan indígena que se cuece en moldes, y en México se obtiene un licor a partir de la citada aloja.

Con la pulpa del algarrobo, en Egipto se prepara una especie de miel que sustituye al azúcar.

DE LA ALGARROBA A LOS QUILATES
Las semillas de la algarroba se llaman garrofines, y parece ser que, debido a que tienen un peso muy uniforme, durante la Edad Media la usaban ciertas comunidades árabes y judías para pesar el oro. Su nombre en árabe era *al-karat*, de ahí pasó a «quirat» y de ahí, a «quilate». Así que, de la humilde algarroba, proviene la unidad de peso del oro.

La judía *azuki* (*Vigna angularis*)

A pesar de ser poco conocida aquí, esta legumbre que proviene del Himalaya es la segunda legumbre más consumida en Japón después de la soja, y es famosa por sus propiedades terapéuticas y nutritivas.

Las judías *azuki* contienen grandes cantidades de fibra, vitaminas del grupo B (B1, B2 y B7) y minerales como hierro, manganeso, magnesio, fósforo, calcio y cinc. Además, sus proteínas son de alto valor biológico, lo que significa que contienen todos los aminoácidos esenciales.

La soja (*Glycine max*)

Esta leguminosa relativamente nueva en nuestro país se consume desde hace miles de años en Oriente: de hecho, se cree que se cultivaba ya en el año 2800 a. de C. Es rica en minerales (cinc, calcio y hierro) y en fibra, y contiene todos los aminoácidos necesarios para el desarrollo y mantenimiento de las funciones orgánicas. Existen dos clases principales: la soja verde y la soja blanca.

Aunque se emplea como una legumbre más, o como germinado, la soja es famosa por la gran cantidad de productos derivados que se obtienen de ella, desde leche hasta harina. Proceden de la soja el tofu, el *miso*, el *tempeh*, la salsa de soja tradicional de la gastronomía japonesa, las citadas leche y harina, la *yuba*, etc.

Su gran valor proteico la ha hecho la perfecta sustituta de la proteína animal en dietas vegetarianas.

GACHAS MANCHEGAS

100 g de harina
de almorta

1 diente de ajo

200 g de panceta fresca

1 patata

1 cucharadita
de pimentón dulce

aceite de oliva

sal

1. Pela la patata y córtala a láminas de medio centímetro. Corta la panceta a trocitos pequeños y fríela en una sartén con una cucharada de aceite, a fuego fuerte, hasta que esté dorada. Retírala y resérvala.

2. En esta misma sartén, fríe el ajo y, cuando esté dorado, retíralo. Fríe, a continuación, la patata. Transcurridos 10 minutos, retira la patata y agrega a la sartén la harina de almorta. Remueve con una cuchara de madera.

3. Seguidamente, agrega el pimentón y remueve sin parar para evitar que se queme. Unos 10 minutos después, agrega 200 ml de agua y continúa removiendo. Después, vierte otro vaso de agua y remueve constantemente para evitar que salgan grumos. Prueba las gachas y agrégales sal.

4. En total, el tiempo de cocción no debe sobrepasar los 20 minutos. Apaga el fuego e incorpora a las gachas las rodajas de patata frita.

5. Sirve las gachas bien calientes, con la panceta frita a un lado y abundante pan para mojar.

CONSEJO: *Se trata de una receta bastante calórica, por lo que es recomendable cuando hace frío, o en personas que hacen ejercicio regular.*

GACHAS DULCES

150 ml de aceite
de oliva virgen extra

piel de 1 limón

50 g de matalahúva
(anís verde)

250 g de azúcar

120 g de harina de trigo

500 ml de leche

50 ml de anís (opcional)

canela en rama

canela en polvo
para decorar

fresitas o frutas del
bosque para acompañar

1. Ralla la piel del limón y disponla en una sartén con el aceite. Calienta el aceite y agrega la matalahúva. Baja el fuego y remueve bien. Transcurridos 3 o 4 minutos, apaga el fuego y cuela el aceite.

2. Dispón de nuevo el aceite en la sartén y vuelve a calentarlo. Incorpora la harina y remueve para que se tueste y quede ligada y sin grumos. Ve agregando el resto de ingredientes: el palito de canela, el anís, el azúcar y la leche (despacio), sin parar de remover.

3. Transcurridos unos 10 minutos, la masa se habrá espesado y se puede servir directamente en una bandeja grande o en cuencos individuales.

4. Déjala enfriar y decórala con canela en polvo y, si quieres, con fresitas o alguna fruta del bosque.

ESTOFADO DE SOJA VERDE

250 g de soja
verde en grano

200 g de tomate
natural triturado

1 pimiento verde

1 chorizo crudo

1 lámina de panceta

1 cebolla

1 zanahoria

1 diente de ajo

1 hoja de laurel

1 cucharadita de
pimentón dulce

1 guindilla

aceite de oliva

pimienta

sal

1. Deja la soja en remojo durante unas 5 horas. Después, enjuágala y escúrrela. A diferencia de otras legumbres, la piel de la soja se desprende con bastante facilidad, así que quizás encuentres alguna piel suelta, que es mejor retirar.

2. Pela el diente de ajo, pela y pica la cebolla, corta la zanahoria y el chorizo a rodajas, corta la panceta a tiras y trocea el pimiento. Resérvalo todo.

3. Dispón la soja en una olla, cúbrela de agua (el agua debe doblar el volumen de la soja) y llévala a ebullición junto con la hoja de laurel. Cuando rompa a hervir, cuenta 30 minutos de cocción a fuego lento.

4. Mientras tanto, en una sartén con dos cucharadas de aceite, sofríe el ajo y, cuando empiece a estar tostado, retíralo. En ese mismo aceite, saltea durante unos minutos el resto de ingredientes, a fuego vivo: la cebolla, la zanahoria, el pimiento, la panceta y el chorizo.

5. Transcurridos 5 minutos, agrega el tomate natural, la guindilla y una pizca de sal, otra de pimienta y otra de pimentón. Remueve y rehógalo todo durante 5 minutos más, a fuego bajo. A continuación, incorpora todos los ingredientes, incluido el aceite, a la olla con la soja, y remueve.

6. Transcurrido el tiempo de cocción de la soja, comprueba que esté tierna y rectifica de sal. Si ya está cocida, retira la olla del fuego y sirve el estofado caliente.

SOJA VERDE CON CALABAZA

4

200 g de soja verde

200 g de calabaza

1 l de caldo vegetal

1 tira de alga kombu

1 cebolla tierna

1 cucharadita de jengibre fresco

1 cucharadita de cúrcuma

1 cucharadita de mantequilla

sal

1. Deja la soja en remojo durante 5 horas. Transcurrido este tiempo, enjuágala y escúrrela. Disponla en una olla, cúbrela con el caldo de verduras (frío), y agrega el alga *kombu*. Llévalo a ebullición. Cuando el agua rompa a hervir, cuenta unos 40 minutos de cocción a fuego bajo. Durante este tiempo, deberás ir comprobando que no se consuma todo el caldo. Si eso ocurre, vierte un poco de agua. Agrega sal casi al final de la cocción.

2. Mientras tanto, precalienta el horno a 180 ºC.

3. Pela y trocea la calabaza, disponla en una bandeja para horno, agrégale una pizca de cúrcuma y otra de sal, y ásala durante 15 minutos.

4. Mientras, pela la cebolla y córtala fina. En una cazuela con la mantequilla, rehógala junto con el jengibre rallado y una pizca de sal. Transcurridos 5 minutos, incorpora la calabaza a la cazuela y rehógalo todo 5 minutos más.

5. Una vez transcurrido el tiempo de cocción de la soja, pruébala y comprueba que esté tierna. Incorpórala a la cazuela (puedes agregar líquido de cocción, si lo deseas) y cuécelo, todo junto, 5 minutos más. Retira y sirve caliente.

BIZCOCHO CON HARINA DE ALGARROBO

👤 4

100 g de harina de trigo

100 g de harina de algarrobo

100 g de azúcar

100 ml de aceite de oliva

50 g de avellanas tostadas

1 cucharadita de extracto de vainilla

1 sobre de levadura

3 huevos

mantequilla para untar

sal

1. Pela las avellanas, pásalas al mortero y tritúralas un poco. No es necesario que queden muy picadas.

2. En un bol, mezcla las dos harinas con la levadura. A continuación, casca los huevos, vierte las yemas en el bol y reserva las claras. Agrega el azúcar, el aceite, las avellanas, una pizca de sal y la vainilla, y remueve hasta conseguir una textura homogénea.

3. Precalienta el horno a 180 ºC.

4. Bate las claras a punto de nieve dura. Cuando estén (la forma de comprobarlo es clavar un tenedor y que este se sostenga verticalmente), ve agregándolas a cucharadas al bol donde tienes la masa, y remueve con cuidado, de abajo arriba.

5. Seguidamente, vierte la preparación en un molde apto para horno, previamente untado con un poco de mantequilla. Es conveniente que el molde sea lo suficientemente grande para que el bizcocho quede esponjoso y no muy grueso. Introduce el molde en el horno y hornea durante 30 minutos.

6. Transcurrido ese tiempo, abre el horno y comprueba que el bizcocho esté hecho, pinchándolo con un palito de broqueta. Si el palito sale limpio, ya está.

CHOCOLATE DE ALGARROBO

👤 4

50 g de harina de maíz

180 g de harina
de algarrobo

1 l de leche de soja

1 palito de canela
(opcional)

azúcar (opcional)

1. Vierte la leche de soja en un cazo grande y ponla a calentar con el palito de canela. Cuando la leche esté tibia, agrega la harina de maíz y la de algarrobo, poco a poco, y remueve sin parar con una cuchara de madera.

2. Cuando la leche rompa a hervir, retira el cazo del fuego y sigue removiendo. Verás que se espesa y que las dos harinas se van disolviendo.

3. Seguidamente, agrega azúcar, si quieres, y déjalo enfriar.

4. Ya tienes tu sustituto del chocolate. Puedes tomarlo solo, como si se tratara de chocolate a la taza, o usarlo en algún postre.

¿SABÍAS QUE…? *Este «chocolate» de algarrobo contiene el doble de proteínas que el chocolate tradicional y la mitad de grasa.*

ESTOFADO DE JUDÍAS
AZUKI Y SETAS

👤 4

*250 g de judías
azuki secas*

100 g de setas variadas

1 l de caldo de verduras

1 cebolla grande

1 pimiento rojo

1 zanahoria

*1 cucharadita de comino
molido*

aceite de oliva

pimienta negra

sal

1. La noche anterior, deja las judías en remojo. Al día siguiente, enjuágalas y escúrrelas. Dispón las judías en una olla y agrega el caldo (frío); si es necesario, completa con agua hasta cubrir dos veces el volumen de las judías. Llévalas a ebullición y cuenta unos 30 o 40 minutos de cocción desde el momento en que empieza a hervir. A lo largo de la cocción, deberás ir comprobando que no se consuma todo el líquido. Vierte un poco de agua si es así.

2. Mientras tanto, pela la cebolla y córtala en *brunoise*, es decir, a dados muy pequeños. Sofríela en una cazuela con dos cucharadas de aceite, a fuego lento, durante 10 minutos. Mientras se hace, pela la zanahoria y córtala a dados pequeños. Haz lo mismo con el pimiento.

3. Cuando la cebolla empiece a estar transparente, incorpora la zanahoria y el pimiento. Rehógalo todo 5 minutos más.

4. Transcurridos 30 minutos de cocción de las judías, agrega sal a la olla y pruébalas. Si ya están cocidas, cuélalas (separa un vaso de líquido de la cocción), y resérvalas.

5. Lava las setas y córtales la parte del pie. Agrégalas a la cazuela y vierte el vaso de líquido que has reservado. Cuécelo todo junto 5 minutos más.

6. Finalmente, incorpora las judías hervidas y déjalo todo 10 minutos más en el fuego. Agrega una pizca de pimienta negra y otra de comino, y remueve. Sírvelo caliente.

JUDÍAS *AZUKI* CON SOFRITO VEGETAL

👤 4

250 g de judías azuki

200 g de tomate natural triturado

1 l de caldo de verduras

1 cebolla morada

1 pimiento rojo

1 chile picante

1 zanahoria

1 hoja de alga kombu

1 cucharada de salsa de soja

hojitas de cilantro

aceite de oliva

pimienta negra

sal

1. La noche anterior, deja las judías en remojo. Al día siguiente, lávalas y escúrrelas. Disponlas en una olla con el alga *kombu* y el caldo (frío) y, si es necesario, completa con agua hasta cubrir dos veces el volumen de las judías. Llévalo a ebullición y, cuando rompa a hervir, cuenta 30 minutos de cocción a fuego bajo.

2. Mientras tanto, prepara las verduras: pela la cebolla y córtala a plumas; lava el pimiento y córtalo a tiras finas; lava el chile y córtalo a rodajas, y pela la zanahoria y córtala a tiras finas también.

3. En una sartén con dos cucharadas de aceite, elabora un sofrito, empezando por la cebolla y el pimiento. Cuando estos empiecen a estar blandos, agrega la zanahoria, el chile, la salsa de soja, el tomate natural y una pizca de pimienta, otra de sal, y rehógalo, todo junto, 10 minutos.

4. Transcurridos 30 minutos de cocción de las judías, pruébalas y agrégales sal. Si ya están tiernas, retíralas del fuego, cuélalas e incorpóralas a la sartén.

5. Remueve bien y cuécelo, 5 minutos, a fuego lento. En el último momento, agrega las hojitas de cilantro picadas.

HUMMUS DE JUDÍAS *AZUKI*

250 g de judías azuki secas

1 diente de ajo

1 cucharada de tahini *(salsa de sésamo)*

1 cebolla

1 cucharadita de comino

1 cucharadita de pimentón dulce

1 ramita de cilantro

el zumo de ½ limón

aceite de oliva

sal

1. La noche anterior, deja las judías en remojo. Al día siguiente, enjuágalas y cuélalas.

2. Dispón las judías en una olla y cúbrelas con agua fría (el agua debe cubrir dos veces su volumen). Incorpora el diente de ajo pelado y llévalo a ebullición. Cuando rompa a hervir, cuenta unos 40 minutos de cocción. Hacia el final de la cocción, agrega sal.

3. Mientras tanto, pela y pica la cebolla y mézclala en un bol con el zumo de limón, la *tahini*, el comino, una pizca de sal y dos cucharadas de aceite de oliva. Aparte, pica las hojas de cilantro y resérvalas.

4. Transcurrido el tiempo de cocción de las judías, pruébalas para comprobar que ya están cocidas. Si no es así, déjalas 10 minutos más. Una vez cocidas, cuélalas y déjalas enfriar.

5. Tritura todos los ingredientes juntos con la batidora eléctrica hasta obtener una masa compacta. Agrega el cilantro espolvoreado por encima, y un poco de pimentón dulce, y sirve el *hummus* fresco o a temperatura ambiente.

CREMA DE CACAHUETE CASERA

250 g de cacahuetes tostados sin salar

50 g de mantequilla

1 cucharadita de aceite de sésamo o de maíz

1 cucharada de azúcar (opcional)

sal

1. Pela los cacahuetes y retírales también la piel fina de dentro.

2. Disponlos en el vaso de la batidora y tritúralos junto con la mantequilla y la cucharadita de aceite de sésamo. Agrégale, si quieres, el azúcar.

3. Normalmente, se tritura hasta obtener una pasta fina y homogénea, pero también puedes dejar la masa más rústica, incluso con pequeños trocitos de cacahuete. Recuerda que, transcurrido un rato, la pasta se espesará un poco.

4. Dispón la crema de cacahuete en un bote de cristal con cierre hermético. Puedes emplearla para untar sobre tostadas o como ingrediente en bizcochos y postres.

CONSEJO: *Lo ideal para hacer la crema es comprar los cacahuetes tostados, pero en su cáscara y sin salar.*

POLLO *SATAY*
CON SALSA DE CACAHUETES

👤 4

Para el pollo satay:

2 pechugas de pollo

2 cucharadas de salsa de soja

1 cucharadita de jengibre fresco

1 cebolla

1 diente de ajo

1 cucharada de aceite de girasol

1 cucharada de zumo de limón

1 guindilla

hojitas de cilantro

sal

Para la salsa de cacahuete:

50 g de cacahuetes tostados

100 ml de leche de coco

1 ajo

1 cucharadita de azúcar moreno

sal

1. Lava las pechugas, retírales los restos de grasa y piel, sálalas y córtalas a filetes finos. Lamina el ajo. Mézclalo con el resto de ingredientes indicados para el pollo: la soja, el jengibre previamente rallado, la cebolla previamente picada, el aceite de girasol, el zumo de limón, la guindilla y el cilantro picado. Transfiérelo todo a una bandeja y dispón en ella los filetes de modo que la salsa los cubra. Resérvalos un día entero en la nevera para que se maceren.

2. Al día siguiente, en una sartén con el aceite de girasol, sofríe el ajo y la guindilla. Cuando estén tostados, retíralos y agrega la cebolla, previamente picada.

3. Elaboración de la salsa de cacahuete: en el vaso de la batidora, tritura los cacahuetes junto con la leche de coco, el ajo, una pizca de sal y el azúcar. Dispón la masa obtenida en un cazo, vierte 50 ml de agua y llévalo a ebullición. Hierve la salsa durante 5 minutos, sin dejar de remover, apaga el fuego y déjala enfriar.

4. Retira las pechugas de la maceración y hazlas a la plancha, sin agregar aceite. Sírvelas calientes, con la salsa de cacahuete aparte.

SOPA DE CACAHUETES

100 g de mantequilla de cacahuete

3 yemas de huevo

1 l de caldo de verduras

200 ml de nata para cocinar

hojas de cebollino

pimienta

sal

1. Para esta receta, necesitas mantequilla de cacahuete fina, sin tropezones. Si la tienes con trocitos, pásala antes por la batidora eléctrica y tritúrala bien.

2. Para hacer la sopa de cacahuete, calienta el caldo de verduras con la mantequilla de cacahuete. Cuando rompa a hervir, baja el fuego al mínimo y remueve de vez en cuando.

3. Mientras, mezcla en un bol la nata con las yemas y un puntito de sal, y bátelo hasta que se mezclen completamente. Seguidamente, agrega la nata y las yemas a la sopa y remueve a fuego bajo durante 2 minutos para que la crema quede espesa. Prueba la sopa y salpimiéntala al gusto.

4. Sírvela caliente, espolvoreada con cebollino picado.

ENSALADA DE ALFALFA Y FRUTOS ROJOS

👤 4

50 g de brotes de alfalfa

200 g de hojas tiernas de lechuga, espinacas, rúcula…

50 g de frambuesas

50 g de fresas

50 g de arándanos

1 cebolla tierna

200 g de rulo de cabra

aceite de oliva virgen extra

vinagre de Módena

sal

1. Limpia y seca las hojas de ensalada variada, las frambuesas y los arándanos. Limpia las fresas, retírales la parte de las hojas y córtalas en dados. Corta la cebolla en juliana muy fina, y el queso, en dados.

2. Dispón en una ensaladera una capa de hojas verdes, mezcladas con la cebolla. Sobre las hojas, coloca en el centro los frutos rojos y, a su alrededor, coloca los brotes de alfalfa y los dados de queso.

3. Agrega una pizca de sal y aliña con el aceite de oliva. Decora la ensalada con un hilo de vinagre de Módena y sírvela fresca.

¿SABÍAS QUE…? *La alfalfa es una legumbre tradicionalmente destinada al forraje. Sin embargo, hoy en día es muy frecuente consumir brotes de alfalfa en ensaladas, como en esta receta.*

WOK DE ARROZ CON ALFALFA

👤 4

50 g de brotes de alfalfa

200 g de arroz blanco

1 pimiento rojo

2 cebollas

salsa de soja

2 cucharadas
de aceite de oliva

sal

1. Calienta agua en un cazo y, cuando hierva, agrega el arroz. Hiérvelo durante 12 minutos. Después, enjuágalo debajo del grifo con agua tibia y escúrrelo.

2. Corta la cebolla y el pimiento en juliana. Calienta dos cucharadas de aceite de oliva en el *wok*. Cuando esté bien caliente, incorpora el pimiento y la cebolla.

3. Saltea las verduras a fuego medio hasta que estén tiernas, sin dejar de remover o de sacudir el *wok*. Transcurridos unos 10 minutos, agrega dos cucharadas de salsa de soja y el arroz blanco. Mezcla bien y, cuando esté todo bien integrado, apaga el fuego.

4. Con el fuego apagado, incorpora los brotes de alfalfa, previamente lavados y secados, y mézclalos con el resto de ingredientes. Sírvelo acompañado de salsa de soja.

CEBICHE DE ALTRAMUCES

200 g de altramuces secos

1 cebolla

2 tomates de ensalada

el zumo de 4 limones

el zumo de 1 naranja

hojas de cilantro

sal

1. Deja los altramuces en remojo durante 24 horas. Transcurrido este tiempo, lávalos, transfiérelos a una cazuela y cúbrelos con agua. Dispón la cazuela en el fuego y, cuando el agua rompa a hervir, cuenta unos 30 minutos de cocción (el tiempo de cocción puede variar en función de la dureza del agua y del tipo de fuego).

2. Transcurrido ese tiempo, comprueba que estén tiernos. Cuélalos y déjalos de nuevo en remojo fuera de la nevera. Cambia el agua cada 12 horas. A partir del cuarto día, pruébalos para ver si han perdido el sabor amargo. Si no, sigue cambiando el agua hasta que no amarguen (a partir del séptimo día suelen haber perdido todo el amargor).

3. Cuando los altramuces estén en su punto, pela y corta la cebolla en juliana, y los tomates, en tiras finas. Pica muy fino el cilantro y mezcla todos los ingredientes (el tomate, el cilantro, la cebolla, los zumos de naranja y de limón), junto a los altramuces, en una ensaladera con un poco de sal.

4. Déjalo unas horas en reposo para que quede mucho más sabroso, y sírvelo frío.

TARTA DE QUESO CON CACAHUETES

👤 4

100 g de cacahuetes tostados

200 g de galletas de cereales tipo digestivas

100 g de mantequilla

250 g de requesón

250 g de mascarpone

100 g de azúcar moreno

3 huevos

1 yogur griego

sal

1. Precalienta el horno a 180 ºC.

2. Deja la mantequilla fuera de la nevera para que se temple. En un mortero, tritura las galletas y los cacahuetes, y mézclalos con la mantequilla. Cubre con esta preparación el fondo de un molde desmontable de entre 15 y 18 cm de diámetro, y hornéala durante 15 minutos. Después, déjalo enfriar y resérvalo en la nevera durante unas 5 horas.

3. Mientras tanto, prepara el resto de ingredientes: en un bol grande, mezcla el requesón, el azúcar, el yogur y el mascarpone. Casca los huevos e incorpora solo las yemas (reserva las claras para montar). Mézclalo todo y agrega una pizca de sal.

4. Precalienta el horno a 180 ºC.

5. Monta las claras a punto de nieve dura. Cuando estén, transfiérelas, a cucharadas, al bol donde tienes el resto de ingredientes. Ve mezclando; debes procurar no aplastar las claras.

6. A continuación, agrega esta mezcla al molde; debe cubrir toda la base anterior. Hornéalo durante unos 80 minutos a 180 ºC.

7. Transcurrido este tiempo, deja enfriar el pastel y, después, resérvalo en la nevera para que se endurezca un poco. Sírvelo frío.

GALLETAS DE CACAHUETE Y CHOCOLATE

200 g de mantequilla de cacahuete

125 g de mantequilla de leche

200 g de harina

150 g de azúcar moreno

150 g de chocolate negro troceado

1 huevo

1 vaina de vainilla o ½ cucharadita de extracto

½ cucharadita de bicarbonato

1. Deja la mantequilla fuera de la nevera hasta que esté blanda. A mano o con la batidora de varillas, bate la mantequilla de leche y el azúcar hasta formar una masa esponjosa.

2. Tamiza la harina junto con el bicarbonato y agrégala a la mezcla de mantequilla y azúcar. Seguidamente, incorpora la esencia de vainilla o las semillas de una vaina de vainilla y mezcla bien con la ayuda de una espátula.

3. Incorpora la mantequilla de cacahuete, el huevo batido y el chocolate troceado, y mezcla para que todos los ingredientes se unifiquen.

4. Haz pequeñas bolitas con la masa y aplástalas con la mano. Si las dejas en la nevera un rato antes de hornear, no se deformarán.

5. Precalienta el horno a 180 °C y hornea las galletas durante 20 minutos, hasta que estén doradas. Saldrán del horno un poco blandas, pero en cuanto se enfríen quedarán crujientes.

SOJA TEXTURIZADA CASERA

👤 4

200 g de soja blanca seca

1. Deja la soja en remojo durante 12 horas en un recipiente con abundante agua fría. Al día siguiente, cuela la soja y hiérvela durante 10 o 15 minutos. Generalmente, la cocción de la soja es algo más larga, pero para esta receta necesitas que no quede demasiado tierna.

2. Enfría la soja y tritúrala con la batidora eléctrica; debe quedar una masa con algunos grumos, no hace falta que quede un puré fino.

3. Precalienta el horno a 180 °C.

4. Prepara una bandeja con un papel de hornear. Extiende la pasta de soja sobre la bandeja y hornéala durante 45 minutos; debes voltear la soja cada 10 minutos. Para ello, resulta muy práctico preparar otra bandeja con un papel y girar la pasta como si fuera una tortilla. Si no puedes, remueve con la espátula para que se mezcle toda y no se queme por arriba.

5. La soja texturizada está lista cuando pierde toda la humedad. Guárdala en un tarro hermético.

¿SABÍAS QUE…? *La soja texturizada se usa como base para muchos platos vegetarianos, ya que aporta proteínas y tiene una textura similar a la de la carne, por lo que permite hacer hamburguesas, por ejemplo.*

LECHE DE SOJA CASERA

▲ 4

100 g de granos de soja secos

1 l de agua

1. Deja la soja en remojo durante 12 horas. Si usas agua tibia, bastará con 8 horas.

2. Después, enjuaga la soja y cuélala.

3. Pon un litro de agua en una cazuela, agrega la soja y deja que hierva. Cuando el agua rompa a hervir, calcula 30 minutos de cocción. Seguidamente, cuela la soja y enjuágala con agua fría. Trata de pelarla al máximo.

4. Dispón la soja junto a 200 ml de agua en la batidora eléctrica y tritura a máxima potencia durante 2 o 3 minutos.

5. Mezcla la pasta de soja con tres vasos más de agua. Dispón un colador sobre un bol y, sobre el colador, un trapo limpio. Vierte la soja con agua sobre el trapo. Deja que, gota a gota, caiga la leche en el recipiente y, cuando ya no salga más, escurre lo que queda en el trapo. Para hacer esto, une las cuatro puntas del trapo y retuércelo para que la soja quede prensada y desprenda todo el líquido.

6. Déjala enfriar y ya está lista para consumir.

7. Si quieres conservarla más tiempo, puedes hervirla y aguantará hasta 5 días en la nevera.

LECHE DE SOJA CASERA

HAMBURGUESA CASERA DE SOJA

👤 4

1 taza de soja
texturizada

1 cebolla

1 pimiento

3 cucharadas de aceite
de oliva virgen extra

3 cucharadas
de salsa de soja

3 cucharadas de agua

½ taza de gluten

perejil y ajo picado
(opcional)

pimienta

sal

1. Pela y pica la cebolla y pica el pimiento. Sofríelos en una sartén con tres cucharadas de aceite, y una pizca de sal y de pimienta. Cuando la cebolla empiece a estar transparente, agrega la soja texturizada. Remuévelo todo durante un par de minutos.

2. A continuación, incorpora la salsa de soja y el agua, mezcla bien y apaga el fuego. Deja enfriar.

3. Cuando el sofrito esté frío, mézclalo con media taza de gluten. Este ingrediente es el que hará que las hamburguesas queden compactas. Si te gusta el ajo y el perejil en las hamburguesas, es el momento de agregarlos picados.

4. Haz las hamburguesas tratando de que queden muy compactas. Un buen modo de hacerlas es usando un molde de emplatar redondo, y presionar con un vaso para prensarlas al máximo.

5. Cuécelas al vapor durante unos 15 o 20 minutos. Cuando ya estén listas, puedes congelarlas si quieres.

6. Para servirlas, pásalas por la sartén con un poco de aceite muy caliente, vuelta y vuelta, para que queden tostadas.

CREMA DE ALGARROBA PARA UNTAR

150 g de harina de algarroba

150 g de avellanas crudas peladas

2 plátanos maduros

200 ml de leche vegetal (de soja, arroz, avena…)

1. Con la batidora eléctrica, tritura las avellanas hasta conseguir que queden como harina rústica. Seguidamente, mézclala con la leche vegetal y tritura de nuevo hasta que todas las avellanas estén bien picadas. Agrega los plátanos y pica de nuevo. Por último, incorpora la harina de algarroba y vuelve a mezclar los ingredientes con la batidora.

2. Transfiere la crema a un cazo y caliéntalo a fuego muy bajo, durante 5 minutos, sin parar de remover para que todos los ingredientes se mezclen bien y la harina se cocine.

3. Dispón la crema en un tarro, deja que se enfríe antes de taparla y consérvala en la nevera un máximo de cinco días.

4. Puedes emplear esta crema para untar sobre tostadas o para preparar postres.

¿SABÍAS QUE…? *La algarroba se usa frecuentemente para sustituir al chocolate. No contiene tanta grasa, y su sabor y textura son similares.*

ÍNDICE DE RECETAS

• •

Alubias

Guisantes

Habas

Otras legumbres